パーフェクトレッスンブック

バドミントン ダブルス 必勝テクニック

PERFECT LESSON BOOK

監修●
藤井瑞希
垣岩令佳
（ロンドン五輪
銀メダルペア）

はじめに　～日本バドミントンの情勢～

ここ10年くらいでしょうか。バドミントンの人気が急激に広がってきました。

日本のバドミントンは、2004年に韓国人の朴柱奉（パク・ジュボン）コーチが来てから一気に進化を遂げました。

最初に変わったのは組織です。私たちが小学生の頃は、強化合宿のようなものがありませんでした。中学生になっても、せいぜい年に1回程度。それが、朴さんが来てからは、年代別の日本代表を招集し、頻繁に合宿をするようになったのです。そこで育ったのが、今世界で活躍する山口茜、奥原希望、桃田賢斗といった日本を代表する選手たちでした。

選手の意識も大きく変わりました。小さな大会の優勝で満足するのではなく、「負けてもいいから世界のトップで戦えるようになってほしい」と言ってくれたのも朴さんです。

練習はキツかったけど、必死に取り組みました。パートナーが一生懸命がんばっているのに、自分だけサボるわけにはいきません。ロンドンオリンピックという目標があり、一緒にがんばってくれるパートナーがいる。だから、楽しんで練習できるようになりました。

その結果、私たちはロンドンオリンピックで銀メダルを獲得することができました。日本のバドミントン界初となる決勝の舞台を経験しました。その4年後、髙橋礼華・松友美佐紀ペアが金メダルを獲得し、日本が世界一の頂点に立ったのです。

おかげさまで、バドミントンを通して子どもたちとふれ合う機会も増えてきました。たくさんの人と接していて、こんな質問を受けることが多くなってきました。

「どうやったら、バドミントンがうまくなりますか？」

大半が、バドミントンを始めたばかりの子ども。そして、その親御さん。もちろん、大学生や社会人からも同じようなことを聞かれます。

フジカキとしての引退試合後、
2016年リオデジャネイロオリンピックで
金メダルを獲得した髙橋・松友ペアと

だけど、正直に言って、急にバドミントンが上達するような魔法の練習はありません。小さな、小さな練習の積み重ねです。

私たち自身、何か特別な練習をしたからオリンピックに出られたわけではありません。特に中学生の時は専門のコーチがおらず、ランニングやネット練習など少人数でできる練習ばかりやってきました。基本的なことを何度も繰り返してきたのです。

大事なのは、コーチに与えられた練習の意味を自分で考え、目的を持って練習に集中すること。そうすれば、必ず強くなります。

この本では、ベースとなる技術を磨き上げる上で、私たちが大切にしてきたことを詳しく紹介しています。そして、私たちが築いてきた前衛、後衛ポジションが入れ替わるローテーションの戦術についても解説しています。

高いレベルを目指す選手たちには、片方のポジションだけではなく、両方のポジションができる機動力のある選手になってほしいと思います。また、ダブルスの選手だけでなく、シングルスの選手にとっても、レベルアップのヒントが散りばめられていることでしょう。

そして、私たちが歩んできた道のりにも触れ、どんな心の葛藤があったかについても言及しています。

「スランプに陥ってバドミントンをやめたくなった」

「パートナーの気持ちがよくわからない」

「試合の時はどうしても緊張してしまう」

こんなことを感じたことがある人はいないでしょうか。メンタルを強くする上でも、ぜひ参考にしていただきたいと思います。

藤井瑞希・垣岩令佳

ジュニアから頭角を現し、
世界トップで活躍中。
再春館製薬所の山口茜選手と

2012 年ロンドンオリンピックの表彰台にあがった垣岩令佳と藤井瑞希

Photo：ロイター／アフロ

パーフェクトレッスンブック

バドミントン ダブルス 必勝テクニック

CONTENTS 目次

Offense Shot

Defense Shot

Formation & Tactics

オリンピックで日本バドミントン界初の
メダルを獲得したフジカキこと、藤井瑞希・垣岩令佳ペア。
2人はどんな思考でダブルスに取り組んできたのでしょうか。
フジカキが歩んできた道から学べることとは？

フジカキ物語

Mizuki 藤井瑞希

FUJII & KAKIIWA's STORY

フジカキ物語

何のためにバドミントンをやっているのだろう

初めてスランプに陥ったのは、社会人1年目の19歳の時です。全く勝てない時期が続きました。

なぜか――。

私は高校まで、試合で負けたことが数えるほどしかありませんでした。小学生の頃から全国大会では常に1位か2位。中学、高校とエリートコースを歩み、いつしか私は自分に「オリンピックを目指す人間」だと言い聞かせていたのです。

ところが、社会人になって、環境が大きく変わりました。高校までは決まりごとに従ってみんなが同じように行動していたのに、社会人では自分で考え、自分で動かなければいけません。練習に物足りなさを感じることもありました。

日本代表にも選ばれたことで、意識はせずとも「勝たなければいけない」という重圧を背負っていたのだと思います。

自分のためにがんばることに、疲れていました。

そんな私を救ってくれたのが家族です。試合に負けてモヤモヤしている時は、実家に帰って母の手料理で身も心も満たしました。私の姿を見て、母もきっと聞きたいことがあったでしょう。「試合はどうだったの?」「何で負けたの?」。だけど、家族からバドミントンの話を切り出してくることはありません。他愛のない話で、いつも私を笑顔にしてくれたのです。

そして、のちにロンドンオリンピックで一緒に表彰台に立つことになる（垣岩）令佳の存在――。

今考えても、どうしてそんな言葉が出てきたのかわかりません。だけど、進路に悩んでいる令佳に電話して、こう言ったことを覚えています。

「一緒にオリンピックを目指そう」

初めてリアルにオリンピックを意識した瞬間でした。

それ以降は、必死に練習に取り組みました。オリンピックという目標ができ、一緒にがんばってくれるパートナーがいた。スランプを克服し、練習が楽しい

Fujii

と感じるようになりました。自分のためではなく、周りの人のためにがんばろうという気持ちが自然と湧いてきたのです。

あの時、家族の存在がなかったら、あるいは令佳が同じチームに来てくれなかったら、私はきっとバドミントンをやめていたでしょう。オリンピックのメダルもありませんでした。

大好きな家族と令佳に、心から感謝しています。

フジカキスタイル

東京オリンピックを目指そうと考えた時、私にとってのパートナーは令佳しか考えられませんでした。

シャトルを打つ間合い、リズムの取り方。新しい選手の特徴を知るには、少なくとも1年では難しい。なおかつ海外で大会があれば、2人で生活をしなければいけません。そういう意味でも、他の選択肢はない。その時の自分にマッチするのは、令佳しかいないと考えていました。

実際、再び令佳と一緒にプレーをすると、すぐに昔の感覚を取り戻します。

もともとレシーブや守備に自信があるほうでした。ターニングポイントは、ロンドンオリンピックの１年前。ロシア代表のある選手のプレーを見たのがきっかけです。

それまで、私の中には「ダブルスってこういうもの」という勝手な理想を持っていました。そこに近づきたいと思って努力してきた。だけど、結局はそこにたどり着けず、ミスにつながるプレーも数多くありました。

そんな時、目にしたのが、そのロシア選手です。お世辞にもうまい打ち方とは言えません。なのに、いろいろな打ち方を駆使してシャトルを相手コートに返してくる。攻めても攻めても必ず球が返ってくるから、対戦相手にとってはとても嫌な存在でした。

「そうか。どんな形でも、相手のコートに球を返せばいいんだ」

そう思うようになって以来、今までしていたような簡単なミスはしなくなりました。昔だったらミスをしていた場面でも、相手コートに確実に球を返していくことで、またイチからラリーを組み立てられる。私のプレーに令佳もついてきました。ミスを気にせず思い切って攻められるようになり、レシーブも安定するようになりました。

フジカキのスタイルが構築され、その時期からロンドンオリンピックに向けて一気にレベルアップしていきます。

2017年2月、ペアを再結成した

令佳が変わった

私と令佳は、とにかく会話を重視しました。そこはどこのペアにも負けなかった。私たちの一番の強みでした。

普段の練習から、気になることがあれば時間をかけて話をしたものです。それを監督やコーチも許してくれました。練習ゲームの後に、体育館に残って1時間くらい話し込むことも日常茶飯事でした。

「どうしてこうなったの?」

令佳に対して、いつもこう問いかけていました。はじめからできないことを求めたことはありません。調子がいい時はできることが、どうして今日はできないのか。それは、自分の中で力を出す術を理解していないから。出し方がわからない、つまり、出す努力をしていないのです。

言うまでもなく、令佳は素晴らしい能力を持っています。ダブルスを組んだ時から「敬語を使わなくていいよ」と言ってきたのも、「2人で一緒にがんばりたい」と心から思ったから。だけど、令佳にとって1歳上の私は先輩。その関係性は変わりません。なかなか2人の距離を縮めることができませんでした。

他の選択肢はない。自分にマッチするのは
令佳しかいないと考えていた

３時間ほど、令佳の答えを待ったこともあります。オリンピックレースが始まる少し前のこと。100パーセントの力を出し切れずに負けた日の夜でした。

「私の思いはこう。令佳はどう思う？」

そう聞いても、まったく返事が返ってきません。時間だけが、ただ過ぎていきます。

「令佳の頭には何が流れているの？」

「……」

「何かを話そうとするなら、『今日の試合は……』という言葉が出てきてもいいんじゃない？」

「……」

「頭の中は無音なの？」

「……違います」

「いいじゃん。言えたじゃん。間違っていてもいいから、思ったことを言っていこうよ」

その日を境に、コートの中でも外でも会話ができるようになって、成績も飛躍的に伸びていきました。

令佳のプレーも変わりました。一つひとつの動きに自信が出てきたのです。少しずつですが、自分の意思を言えるようになりました。そこに至るまでに、ペアを組んでから３年近くかかりました。

だから、指導者になった令佳に今でも言うんです。「選手に何度同じことを言っても伝わっていない気がする」と相談を受けた時に、「私は３年も待ちましたよ。令佳はコーチになって何年目ですか？」と。すると、新米コーチの令佳は、「そうでした」と当時を思い出しながら笑います。

プライベートでも時間を
ともにすることが多かった

ベストパフォーマンスを出すために

令佳とダブルスを組んだのは、高校時代を含めてトータルで６年ほどです。実質、ロンドンオリンピックまでの４年。

組み始めた頃は、大変なことも多々ありました。自分もシングルスから転向したばかりで、ダブルスのことはよくわからなかった。令佳のスキルを引き上げると同時に、自分の技術も磨かなければいけません。苦しくて泣いたこともあるし、イライラをぶつけたこともあります。様々な感情が入り混じった時期でした。

私自身、スランプを経験して気持ちが落ち、一度はバドミントンを辞めようと思った。だけど、そこから令佳と一緒にオリンピックを目指そうと決めたので、ロンドンまで余力を残さないくらい毎日全力で過ごしました。絶対に悔いが残らないように。

だから、ロンドンオリンピックを控えた最後の1年は、お互いにコミュニケーションの部分で引っかかるところがないようにしようと思っていました。信頼関係がなかったらオリンピックレースには勝てません。とにかく2人でがんばりたいという思いが強かったことを覚えています。

チームの監督に対しても、私は思ったことを聞くタイプでした。自分の意思表示をするし、練習の意図がわからなかったら必ず聞きます。

もちろん、中学生や高校生が監督に意見を言うのは難しいでしょう。それは理解できます。だけど、ナショナルチームに入ったら、自分の意思で自分をコントロールしなければいけません。体がキツかったら「休みをください」と言う。「こういう理由で休みがほしいんです。そうしたらベストパフォーマンスが出せそうなんです」と言えば、きっとわかってもらえるはずです。

2016年にはイギリスリーグでプレー

中学生や高校生、あるいは社会人でも、自分の意思を表すことはベストパフォーマンスを出すためにとても重要なことだと思います。

ドイツでの収穫

ロンドンオリンピックの後、私たちはいったんペアを解消しました。

「もったいない」と言ってくださる方もいました。だけど、銀メダルを獲ったことでやり切った気持ちもありました。令佳は令佳で、早くも次のリオデジャネイロオリンピックを視野に入れていた。だから、できるだけ早く新しいスタートを切ったほうがいいと思っていました。

ところが、フジカキの最後だと思っていた大会で、私が右ひざを故障してしまいます。前十字靭帯の損傷でした。しばらくラケットを握ることもできなかった。1ヵ月後に手術をし、長いリハビリ期間を経て、2014年、ドイツに渡りました。

そこで感じたのは、「1人では何もできない」ということです。今までは令佳がいたから得点を決められた。令佳と2人だったから勝つことができました。

だけど、ヨーロッパの選手には令佳のような体力がありません。私がレシーブで粘っても、決め切るショットを持っ

ダブルスは自分の発想次第でいろいろ変えることができる。
だからダブルスはおもしろい

2018年11月が
フジカキ最後の試合となった

ていない。すぐにスタミナ切れを起こし、「ミズキ、ちょっと待って…」となってしまうのです。

私1人では、決してうまいダブルスのプレーはできません。令佳と2人だったから、ダブルスとして成立した。ドイツに行ってそれに気づいたことは、私にとって大きな収穫でした。

ダブルスのおもしろさ

ダブルスの醍醐味は何ですか？

そんな質問を受けることがありますが、私の答えは一貫しています。それは、「2人の意思疎通がプレーで現れたとき」

だって、考えていることが一致するって、すごいことだと思いませんか？　それが気持ちいいし、私の場合、1人だとできないことも2人だとがんばれることが多かった。練習の中で「もう、できない」と思っても、パートナーががんばっている姿を見ると「自分もやらなきゃ」と思います。令佳と2人だったから、ここまでがんばることができました。

練習もそう。反復練習が多いシングルスに比べて、ダブルスは自分の発想次第でいろいろ変えることができます。だからおもしろい。ダブルスの練習で飽きたことは一度もありません。

ダブルスで強くなるために必要なこと――、それはパートナーに自分が思っていることを伝えることです。疑問に感じたことでもいい。2人でしっかり話し合うようにしましょう。

ただし、自分の考えを一方的に伝える時も、必ずパートナーに対する感謝の気持ちを持たなければいけません。そして、なぜ言うのか。その理由もちゃんと伝えてください。「勝ちたいから」「強くなりたいから」「オリンピックに出たいから」。何でもいいんです。

そうやってお互いの思いを伝え合うことができれば、きっといいペアを作ることができるはずです。

Reika 垣岩令佳

FUJII & KAKIIWA's STORY

フジカキ物語

藤井先輩と初めてペアを組んだのは、私が高校1年の時でした。東北大会団体戦の決勝戦で、ポンとオーダーを組まれたのです。

その時の気持ちは、喜びよりも驚き。「えっ、藤井先輩と?」という気持ちでした。確かに2人ともジュニアナショナルチームに入っていたので、先輩とはいえそれなりに話す機会はありました。だけど、準決勝まで別のパートナーと組んでいたし、同学年の選手は他に5、6人もいた。しかも、藤井先輩とは練習でさえ、一度も組んだことがありません。だから、はじめはフィーリングがどうというよりも、緊張しかなかったことを覚えています。

それでも、すぐに結果を出し、2人の連携も高まってきました。何より藤井先輩は、私に好きなようにプレーさせてくれた。「後衛に行ったら、令佳の好きなようにしていいよ」といつも声をかけてくれたのです。

2人の性格が真逆だったことも、ペアを長続きできた要因かもしれません。例えば、私は対戦する相手の試合をビデオで見て、弱点などをノートに書き出していくタイプ。だけど、藤井先輩は会場に行ってパッと見るだけで、すぐに相手のクセを見つけ出します。そうやって戦略を練るのがすごく上手な選手でした。

バドミントンは、性格が出るスポーツです。

現役の頃の私は、周りから「性格が優しい」と言われていました。でも、本当はそう言われるのがすごく嫌だった。その理由は、世界のトップで戦う上で「優しさ」は成長を妨げると思っていたから。今でも、「性格が優しい」者同士がペアを組んでも、勝ち続けるのは難しいと思っています。逆に「性格が強い」者同士でも、反発し合ってうまくいかないことが多いでしょう。ペアを組む上で、そうした性格面の相性はとても重要になってきます。

私と藤井先輩の場合、お互いに負けず嫌いですが、決して似た者同士ではありませんでした。そこのバランスがうまく取れていたのだと思います。

もう少し言うと、私はどちらかという

Kakiiwa

と前に出たくないタイプ。自分が得点を奪うことより、「私がスマッシュを打ち、パートナーがフィニッシュをする」というパターンの方が好きでした。実際にフジカキの試合も、私がスマッシュを打って、前衛で粘る藤井先輩が決めるパターンが多かった。それが私にとっては最高の得点パターンでした。

オリンピックレースの戦い

ダブルスで強くなるポイントは、パートナーのことを認め、しっかりとコミュニケーションを取ることです。

私たちにも、こんなことがありました。ロンドンオリンピックの出場権をかけた「オリンピックレース」を控えた頃です。

それまでのフジカキは、基本的に藤井先輩が引っ張っているチームでした。ゲームプランを組み立てるのも、相手のどこを狙うかも、すべて藤井先輩まかせ。私は言われたことに対して「ハイ」と答えるだけでした。

「それだと令佳の気持ちがわからない」

ある日の試合後、藤井先輩にそう言われました。「何か言いたいことがあるでしょう」と。図星でした。その日は思うようなプレーができず、「今日の負け方は、絶対に藤井先輩から何か言われるな」と思っていたところだったのです。

藤井先輩は、私が悩んでいることや考えていることが手にとるようにわかっている。それを「悔しい」と思うこともありました。だけど、一方で私のことをすごく考えてくれている。そんな藤井先輩と、試合後のホテルの部屋で2人きり。沈黙の時間が流れていきました。

出場できてもできなくても、ペアを組むのはロンドンオリンピックまで。藤井先輩の考えは一貫していました。私を社会人チームに誘ってくれたときも「4年しかがんばれない」と言っていた。だからこそ、私が別のパートナーと組むことになっても何でも1人でできるようにと、ロンドンオリンピックが終わった後のことも考えてくれていたと思います。

結局、その日は3時間ほど2人で向き合っていました。どれだけ時間が遅くなっても、あるいは日をまたぐことになっても、その場で解決すべきだと思っていたのです。

実際、それ以降のフジカキは、明らかにプレーが変わりました。「もっとバックを狙っていきますね」「先輩、そこを張ってもらえますか」「このタイミングで出ますね」と私から明確な意思を示すことも多くなったと思います。コートの外では、冗談を言い合えるようになった。コミュニケーションがスムーズになり、ロンドンオリンピックに向かって大きく飛躍することができました。

もちろん、お互いの意見がぶつかったからといって、それで仲が悪くなるわけではありません。居心地もよかった。性格は違っても、遠征に出ればいつも藤井先輩と一緒に行動していました。

バドミントンは、性格が出るスポーツ。ペアを組む上で
性格面の相性はとても重要

いちご狩りやディズニーランドで楽しむ。
まるで姉妹のような関係

コートの上では強気な藤井先輩も、普段はどこにでもいる女性と同じです。抜けたところもあって、時々、「私の方が年上なんじゃないですか?」って言いたくなるくらい。先日も、更衣室のロッカーの前に"忘れないように"置いていた傘を忘れて帰っていました(笑)。そんなおっちょこちょいな一面があるのも、藤井先輩の魅力なのかもしれません。

再結成、そして引退…

ロンドンオリンピックで銀メダルを獲得した私たちは、その後、ペアを解消することになります。

再結成は2017年。きっかけは、藤井先輩の故郷を襲った熊本地震でした。

忘れもしません。ドイツから帰国した藤井先輩が、私がケガの治療で通っている東京の病院までついてきてくれた時のことです。医師が少し突っ込んだことを聞いてきました。

「もう一度、2人がペアを組むことはないのですか?」

当時の私にとっては寝耳に水。夢にも思わなかったことでした。ところが、藤井先輩の反応は少し違ったのです。医師の言葉を否定するでもなく、どことなく戸惑いの表情だったことを覚えています。

その藤井先輩から「フジカキの再結成を考えている」と告げられたのは、病院を出た直後のことでした。だけど、その時の私はすでに、前田美順さんと

2018年11月。現役引退セレモニーでは涙を見せた

2016年のリオデジャネイロオリンピックを目指していました。ケガもあって結果的にオリンピックレースには出られませんでしたが、その時に組んでいた前田先輩にもちゃんと話をしなければいけなかった。

私が最後に出した決断は、もう一度、藤井先輩と一緒にオリンピックを目指すことでした。そうして、フジカキが再び動き出すことになります。

フジカキにとって最後の大会は、2018年の全日本総合選手権です。リオデジャネイロオリンピックで金メダルを獲得した高橋礼華・松友美佐紀ペアとの2回戦が、事実上の引退試合になりました。

引退の理由——、私のひざが限界でした。

完全に伸び切らなくなっていたのです。病院では「将来、自分の足で歩けなくなる」と言われ、いつも足を引きずったように歩いていました。元に戻すなら手術が必要と告げられ、周りの人から「大丈夫?」と心配されることも度々ありました。

藤井先輩に相談したのはさかのぼること1年前、2017年の全日本総合選手権で敗れた日の夜のことです。

藤井先輩は私がバドミントンを好きなことを知っています。東京オリンピックという大きな目標もありました。その上で、「本当にそれでいいの?」「後悔はないの?」と何度も問いかけてくれました。そして、こう言ってくれたのです。

「ロンドンオリンピックを目指す時も、ペアを解散する時も、熊本地震があってもう一度組むことになった時も、私の方から令佳にお願いした。だから、引退する時は、令佳が決めていいよ」。自分の中でも相当悩みました。ただひざのこともありましたし、ここで腹をくくる意味でも決めました。

「わかりました。あと1年、来年の全日本総合選手権までがんばりたいです」

こうして、再び二人三脚で歩み出したのです。

2012年ロンドンオリンピック準決勝
Photo : AP/ アフロ

選手生活を終えて

私ほど幸せなバドミントン生活を送った選手はいないと、心から思っています。

高校生の時、進路で迷っている私に手を差し伸べてくれたのは藤井先輩でした。

「令佳と一緒にダブルスでオリンピックを目指したい」

その言葉で、覚悟が決まりました。

「わかりました。今から親と先生に電話します」

親には「もう決めたから」と言って説得し、先生には「お願いします」と言って頭を下げました。そうして、社会人になっても藤井先輩とペアを組むことになったのです。

一線を退いたアスリートの多くが、引退会見などで「幸せな競技人生だった」と言います。私も同じで、出会った人にも恵まれたし、誰か1人でも欠けていたら、ロンドンオリンピックの銀メダルはなかった。これほど満ち足りた気持ちで引退の日を迎えることもなかったでしょう。

ひざをケガして、もうバドミントンを続けられないと言われた時も、いろいろな人のサポートがあって再びコートに立つことができました。

心から感謝しています。本当に幸せな競技人生でした。

出会った人誰か1人でも欠けていたら ロンドンオリンピックの銀メダルはなかった

日本バドミントン史上、
オリンピックで初の決勝
進出を果たしたフジカキ
Photo : AP/ アフロ

この章では、攻撃時に使うショットの種類を紹介します。
打つポジションや打点によって、狙いと効果も異なります。
どんなとき、どんなショットを使うのかを意識して
技術をマスターしましょう。

第2章

攻撃のショット

Offense Shot

スマッシュ

Smash

スマッシュの動きがショットの基本を作る

世界のトップ選手が打つスマッシュの初速は時速 400 キロを超えます。速くて破壊力のあるスマッシュは、誰もが憧れるショットと言えるでしょう。実はその動きは、頭上からラケットを振り下ろすすべてのショットの基本となります。正しいスマッシュの打ち方を身につければ、クリアもカットも簡単に打てるようになります。

力強いスマッシュを打つコツは、フットワークを生かしてシャトルの下にすばやく入ること。（利き腕の反対の）左腕でバランスを取ると、うまく体重を乗せられます。

1　左腕をかざしながら落下地点に移動開始

2　お尻に体重を乗せるようにして右腕を引く

3　下半身の力を上半身へ伝えるようにスイングの準備

フジカキから

うまくなる！アドバイス

お尻に体重をのせてタメを作ろう！

打つときに足がそろってしまうと、体幹に力が入りません。（利き腕の反対の）左手を上げてバランスを取ると同時に、お尻に体重を乗せてタメを作ります。重心を後ろ側の足から前側の足へと移動させ、腰の回転を利用しながら力強くラケットを振り抜きましょう。

足がそろっていると下半身の力が使えない

Check！

体重を後ろから前に持っていく意識。シャトルは頭上よりも前でとらえよう

4 シャトルの位置を確認し、肩全体でスイング

5 一気に腰を回転させ、高い打点から打ち込む

6 最後までラケットを振り切り、右足を前に出す意識で

ドライブ（フォア）

Drive Fore

相手のショットの力を利用してラケットを立てて打つ

速くて直線的な軌道を描くドライブは、攻守の入れ替わりが激しいダブルスで多く使われます。相手のスマッシュの勢いを利用できますが、一方で返球も速くなるのですばやく体勢を立て直さなければいけません。打つコースやその後の展開を頭に入れて打つことが重要です。

ひじを支点に、コンパクトにラケットを振ることを心がけます。構えるときは体の前にラケットを立て、相手の返球を見ながらすばやく体を移動。力任せに打つのではなく、タイミングを合わせてヒットしましょう。

Check！

ラケットを立てる
意識で腕を振ろう

1　シャトルの動きに合わせて
重心移動

2　ひじを固定してシャトルを強く
叩ける位置に重心を持っていく

フジカキから

うまくなる!アドバイス

打球が浮かないようにコンパクトに腕を振る

インパクトしたときにひじが曲がっていると、シャトルを押し切ることができません。直線的な球が打てるように、手首のスナップを利かせてコンパクトに腕を振り抜きます。また、打球が浮いてしまうと相手のカウンターを受けることがあるので注意が必要です。

ひじが曲がっているとシャトルを押すことができない

Check!

強く返そうとするとアウトになりやすいので注意

3 ラケットを垂直に立ててから手首のスナップでラケットを押す

力を入れ過ぎず、相手の力を利用するイメージで!

4 ひじから手首へ力を伝えるように最後までラケットを振り抜く

ドライブ（バック）

Drive Back

腰の回転を利用して体の前でシャトルを押し出す

守備から攻撃に移るときに有効なのがドライブです。前に詰めて、得点を取りにいけるのもドライブの利点。ただし、むやみに前に出ると、さらに速い球が返ってくる可能性があるので気をつけましょう。

体の前でラケットを構えるのはフォアと同じです。テイクバックの際に、（利き腕の）右ひじを飛んでくるシャトルに向けるのがポイント。ひじの高さをキープしたまま、腰の回転を利用してラケットを振り抜きます。親指を立ててグリップを握り、体の前でシャトルを押し出すようにします。

1 シャトルが向かってくるタイミングに合わせて移動開始

2 利き手側の足を斜め前方に出す

3 かかとからしっかり踏み込む

フジカキから
うまくなる! アドバイス

しっかり踏み込み下半身を安定させる

体の軸を安定させることが、バックハンドでドライブを打つポイントです。体幹から力が抜けると、バランスが崩れてシャトルに体重を乗せることができません。利き手側の足をしっかりと踏み込み、その反動を利用して腰を回転させると力強い球を打つことができます。

利き手側の足を前へ出さないと強い打球が打てない

4 ひじを下げないように高い位置でシャトルをとらえる

5 ラケットを持っている方向へフォロースルーをつける

ドロップ

Drop

手首の力を調整して白帯付近を狙っていく

　コートの奥から打ち、相手コートのネット際にふわりと落とすショットがドロップです。ラリーに緩急をつけたり、相手の足を動かしたいときに使うと有効です。ただし、ドロップはシャトルのスピードが遅いため、前に詰められると失点につながる可能性が高くなります。相手に読まれないように、スマッシュやクリアと同じフォームで打つように意識しましょう。

　ドロップの軌道は、ネットの白帯ギリギリを通過するのが理想的です。ラケットをしっかり振り抜き、できるだけシャトルを抑えます。

1 スマッシュと同じフォームで軸足に体重をかける

2 シャトルから目を離さずひじを引いて待つ

3 ひじをしっかり固定。シャトルの落下地点を目で追う

フジカキから

うまくなる!アドバイス

ラケットを下に向けて浮かないように注意

ドロップの打点は体の前です。シャトルの下に手首があると、ショットが浮いてしまうので注意しましょう。ラケットの面はやや下向き。スイングに緩急をつけて、最後の最後に手首で調整します。ヒットした後はラケットを止めず、しっかりと振り抜きましょう。

シャトルは体の前でとらえないと浮いてしまう

Check!

シャトルが浮かないように手首でラケットを押すようにして振り抜こう

Check!

手首の力で調整してシャトルを白帯の上に落とすイメージで打とう

4 ラケットの打点の位置にシャトルがきたら振る

5 ひじを固定してシャトルをしっかりとらえる

6 シャトルがラケットに当たった後、右足を前に出す

カット

Cut

シャトルをこするようにしてネット際に落とす

ドロップよりも鋭い球筋で、ネット際にすばやく落とすのがカットです。ラケットを斜めにして、シャトルのコルク部分をこするように打ちます。攻撃的なショットで、得点を奪いにいくフィニッシュショットとしても使われます。

スマッシュに比べてカットはスイングスピードがゆっくりですが、インパクトのあとにラケットを止めてしまうと打球に力が伝わりません。ラケットを打つ方向へしっかりと振り切り、その反動を利用して相手の返球に備え、次の準備に入りましょう。

1 スマッシュのフォームを意識して移動

2 ひじの位置をぶらさず下半身を固定して肩を引く

3 ひじの位置はそのまま。シャトルの位置を確認

フジカキから

うまくなる!アドバイス

ラケットの角度でコースを調整する

カットを打つときは、シャトルをヒットする直前に手首でラケット面の角度を変え、コースを調整します。シャトルが高く上がると、相手にチャンスを与えてしまうので注意しましょう。打ったあとは腕を巻き込むように振り抜き、シャトルが浮くのを抑えます。

右コース　左コース

左右コースの打ち分けは
ラケット面の角度で調整する

角度のあるショットを
打つには高い位置で
とらえよう

Check!

打球のコースは
ラケット面の向き、
角度で調整しよう

4　シャトルの位置に合わせてラケットを振り始める

5　ひじを下げないように高い位置でシャトルをとらえる

6　手首の力を抜いてラケットを斜めにこすり、右足を前へ

クリア

Clear

滞空時間を作って相手のリズムを崩していく

シャトルを高く、遠くに飛ばす基本的なショットで、高さがある「ハイクリア」と低い「ドリブンクリア」に分けられます。

ハイクリアは、長い滞空時間で相手の頭上を抜くので、体勢を整えるなど“間”を作りたいときに有効です。また、スマッシュやドライブなど低い軌道でのラリーを得意とする相手にハイクリアを打ち続けることで、相手の体勢を崩す効果があります。

基本的な体の使い方は、スマッシュやドロップと同じ。はじめは飛距離よりも正確にラケットの面に当てることを意識しましょう。

Check!

シャトルは目線の前、あごが上がらない位置でとらえよう

1 スマッシュと同じフォームを意識して落下地点に移動

2 シャトルの落下地点に合わせて重心を落とす

3 ひじを頭の後ろまで引き、シャトルの落下を待つ

フジカキから
うまくなる！アドバイス

あごを引いて体全体を使って打ち上げる

ハイクリアの打点は体の真上。腕を伸ばして高い位置でシャトルをとらえ、体全体で打ちます。あごが上がると、重心が後ろに下がってしまうので注意が必要です。一方、低くて速いドリブンクリアの打点は体の前です。狙いどころを見極めて、打ち分けができるようになりましょう。

頭よりも後ろでシャトルをとらえない

4 下半身の力を上半身へ伝えるようにしてラケットを振る

5 シャトルの位置を確認しながら高い打点をキープ

6 最後まで腕をしっかり伸ばして振り抜く

ローバック

Lowback

コート角へ逃げるようなシャトルを下からとらえる

　ネットよりも低い位置でシャトルをとらえ、バックハンドで下から上のスイングで打つのがローバックです。コート角へ逃げるようなシャトルをアンダーハンドの体勢でとらえます。ネット前に落としたり、コートの奥を狙ったり、相手を揺さぶるうえで非常な重要なショットと言えます。

　下半身を安定させるようにしっかり踏み込み、ひざとひじの軸をそろえます。脇を締めるような意識でそのまままっすぐラケットを振り抜きます。距離を出したいときは、おへそを後ろから正面へ向けるように意識しましょう。

1　コート角にきたシャトルの落下地点に移動

2　重心を下げながらひじとひざの軸を固定する

フジカキから

うまくなる!アドバイス

体のバランスを整えるために脇を締める

しっかり踏み込むことができないと体勢が崩れてしまい、脇の下が大きく空いてしまいます。体のバランスが崩れてしまうとシャトルへ力が伝わらず、勢いのあるショットを繰り出せません。もし、この状態になってしまったときは、打ちやすい所までシャトルを落として打ちましょう。

脇が大きく空いてしまうと力が伝わらない

Check!

ラケットにシャトルが当たったかどうかは、音の善し悪しで判断しよう

3 腕を伸ばし低い位置でシャトルをとらえる

4 そのまままっすぐラケットを振り抜く

プッシュ（フォア）

Push fore

シャトルと頭を近づけるようにして前に詰める

相手のショットが浮いたときや、ネット際でのラリーが続いたときなど、いろいろな使い道があるのがプッシュです。チャンスだと判断したら、相手コートに思い切ってシャトルを押し出すように打ちます。

うまくシャトルに力を伝えるには、ラケットと頭を近づけて打つことが重要です。ただし、必ずしも一撃で決まるショットではありません。少しでも判断が遅れると、ミスにつながる可能性もあります。どこを狙ってどんなショットを打つかをすばやく判断し、ひじをコンパクトに動かすのがポイントです。

Check!

シャトルのコルクの向きが下になる前に打てるようにすばやく詰めよう

1 シャトルがくるコースを確認しながら前へ

2 足を前に出しながら同時にラケットを立てて待つ

フジカキから
うまくなる！アドバイス

足をしっかり前に出してシャトルに力を伝える

決め急ぐと、ラケットがネットに触れて「タッチ・ザ・ネット」の反則を取られます。力んでフォームが乱れると、相手のカウンターを受けることもあるので注意が必要。上半身の動きに足がついていかないと力が伝わりません。なるべく早くシャトルの下に入りましょう。

足がついていかないと次の動きに反応できない

Check！
足の踏み込みと同時にすばやくラケットを振り下ろそう

3 シャトルに頭を近づけるようにして踏み込む

4 高い位置からシャトルを押し込む

プッシュ（バック）

Push back

ひじの位置をキープし、ラケットを鋭角に押し出す

フォアハンドと同様、ラケットを立てて体の前で構えます。ひじを支点にしてスイングし、「プッシュ」の名の通り、シャトルを押し込むようにします。

ポイントは（利き手側の）右足の踏み込み。バックハンドはフォアハンドに比べて力が弱いので、しっかり踏み込んでシャトルに体重を乗せます。また、ひじが下がると「タッチ・ザ・ネット」などの反則をしてしまう可能性があるので、高い打点でシャトルをヒットするようにしましょう。シャトルの軌道ができるだけ鋭角になるように叩き込みます。

4 シャトルを上から押すようにして鋭角に落とす

Check!

体とラケットを近づけて、力を伝えよう

3 足を出すタイミングと合わせてスイング

手打ちではなく、足でタイミングを合わせる

ラリーが続いて疲労が溜まると、上半身の動きに下半身がついていかないことがあります。そのとき、脇が開きすぎて手打ちにならないように注意。他のショットと同じように、すばやくシャトルの下に入ることが大事です。フットワークを生かして足でタイミングを合わせます。

脇が開きすぎると、タイミングが遅くなる

2 利き手側の足を斜め前方へ出す

1 シャトルの軌道を確認し前方へ出る準備

ワイパーショット

Wipershot

ネットから至近距離でラケットをスライドさせる

上から叩くプッシュに対して、ネットの白帯に沿うようにラケットをスライドさせながら打つショットをワイパーショットと言います。ネットへの接触を避けると同時に、プッシュと同じ軌道のショットが打てます。

体から離れたところでワイパーショットを打とうとしても、うまくシャトルをコントロールすることができません。プッシュと同じように、足を使ってシャトルとの距離を詰め、体の近くでヒットするようにしましょう。ネットギリギリに打たれた球を処理するときに有効です。

Check！

足を動かし、シャトルに体を寄せる意識を持とう

1 ネット前にきたシャトルに反応

2 ラケットを立てて前方へ飛び出す準備

ネットすれすれでラケットをコントロール

ワイパーという名の通り、手首を軸にラケットを横に動かします。シャトルの下に入るまでのステップはプッシュと同じ。ひじを上げたまま前進し、手首を立てながら利き手と反対方向に振り抜きます。ネットに触れないように、シャトルをヒットしたらラケットを体に引き寄せましょう。

手首を立てて構え、シャトルが当たったらラケットを傾ける

3 ラケットの中央でシャトルをとらえる

Check！
体は正面に向けたまま、上体をぶらさないようにしよう

4 ラケットを利き手と反対側の方向へスライドさせる

フェイントをかけたストレートドライブ

Straight drive

打つ直前でラケットを寝かせるようにスライドする

クロスコースに打つスピードの速いドライブと見せかけて、ストレートコースに速い球を打つのが、フェイントをかけたストレートドライブです。ドライブ同様、下半身を安定させて強い球を打つ体勢を作ります。そこからクロス方向へラケットを振る意識で、上半身をシャトルに寄せていきます。

シャトルがラケットに当たったら手首を利き手と反対方向へスライドします。振り切った後、ラケットの面を寝かせて、そこでシャトルの勢いを吸収。ストレート方向へシャトルを運んでいきましょう。

Check!

直前まで相手にわからせないフォームを心がけよう

1　強いショットを打つ意識で足をしっかり踏み込む

2　ひじを下げず脇を締めてクロス方向へ打つモーションを作る

フジカキから

うまくなる！
アドバイス

体をクロスに向けてストレートへ打つ

フェイントをかけたストレートドライブの軌道は、体の正面。ポイントは体をクロス方向へ向けること。ラケットを斜めに切って球の勢いを殺し、シャトルをストレート方向へまっすぐ出します。軌道が浮きすぎず、相手コートの中央付近に落ちるのが理想です。

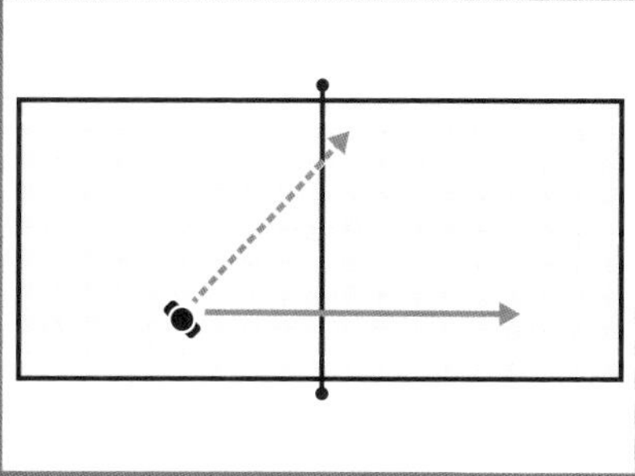

体の向き
シャトルの動き

Check！
打つ際に引っ張りすぎるとストレートに運べないので注意

3 つま先の上あたりでシャトルをとらえる

4 ラケットを寝かせるように切り、シャトルをストレートに運ぶ

相手からの攻撃に対し、レシーブするときに使う
守備のショットを紹介します。
守備とはいえ、相手の攻撃を少しでも軽減するため、
確実にレシーブしながら相手を揺さぶっていきましょう。

守備のショット

第3章

Defense Shot

サービスの重要性

Serve

相手の陣形を最初に崩せる大きなチャンス

シングルスと大きく違うのは、サービスとサーブレシーブで構成される「サービスまわり」です。シングルは、サービスで相手を崩すという発想が少ないため、高く上げるのが基本ですが、ダブルスは相手の陣形を崩して得点チャンスを狙っていく重要な鍵を握ります。

狙いどころは前衛と後衛の間、コート中央です。その理由は、打つ際にミスも抑えられ、相手のサーブレシーブの球種を限定できるからです。サービスを打つタイミングは、相手の構えや目線などを観察し、動きにブレが見られたとき。相手の動きに呼吸を合わせないことが大きなポイントになります。

相手の動きと目線をしっかり観察。動きにブレが見られたときにサービスを打つ

フジカキから
うまくなる！
アドバイス

サービスの位置をサインで共有する

サービスを打つ際、どこに打つかをパートナーと共有しておくと、相手のサーブレシーブを予測して準備できるため、3 球目で決められる可能性が高くなります。相手の特徴を踏まえて、あらかじめ打つ位置と番号を決めておきます。2 人の意志疎通をサインで共有しましょう。

背中で指の本数によってサインを示す

Check！
パートナーはサインを確認し、すぐにカバーできるように意識しておこう

打つ場所は前衛がサインを出しているため、パートナーは相手のリターンを予測し重心移動を開始

ショートサービス

Short Serve

相手をよく観察してタイミングを図って打つ

　ラリーを開始する大事なショットです。とくにダブルスではサービスから3打目まででラリーの流れが決まると言われており、サービスの優劣がラリーを制する上で重要なカギを握ります。この“サービスまわり（サービスから3～5打目）”がうまいペアはラリーをせずに勝てるため、体力的にも余裕が生まれます。

　ダブルスのショートサービスで最も重要なのは“間合い”です。相手をよく観察し、重心が移動した瞬間を狙って打ちましょう。駆け引きを覚えると、サービスの成功率もぐっと上がります。

Check!

相手の動きを観察しながら次の動作に入ろう

4　ラケットが上に上がるまで、最後まで振り抜く

3　そのまま押し出すようにしてサービスを放つ

フジカキから
うまくなる！アドバイス

スイングを小さく、指を使って押す

シャトルの羽を持った左手（左利きの場合は右手）をセットし、右手の親指を立ててラケットを握ります。ひじはあまり使わず、スイングは極力小さく。手首と指を使って押し出すように打ちます。足の位置（スタンス）は、動きやすい位置であればどこでも構いません。

ひじを使って打つと相手に距離を悟られる

相手の立ち位置を確認。足元を狙うのが効果的！

Check！
手首をやわらかく使ってシャトルを押し出そう

2 ラケットとシャトルを重ねるようにして準備

1 利き手側の足を前に出して構える

ロングサービス

Long serve

ショートサービスよりやや長めにラケットを振る

ショートサービスと合わせながら使うことで、相手の判断を遅らせる効果があります。そのため、フォームはショートサービスと同じ。ただし、115cm よりも下から打たないと「アバブ・ザ・ウエスト」の反則を取られるので注意してください。相手にロングサービスだと読まれないように、テイクバックを小さくしてひじをあまり動かさないことが重要です。

ショートサービスとの違いはフォロースルーです。シャトルをラケットのスイートスポットに当て、ショートサービスよりもやや長めに振ります。

6　狙ったコースへ最後までラケットを向ける

5　シャトルを送り出すように長めにスイングを行う

4　シャトルをその場から手離し、ひじから先をすばやく振る

フジカキから
うまくなる!アドバイス

コートの奥を狙って相手の体勢を崩す

レシーバーのバック側に速い球を打つと、相手はラウンドで対応しなければいけません。それほど強いスマッシュも返ってこないでしょう。相手の体勢を崩せるのがロングサービスの利点です。コートの奥までしっかり飛ばせば、相手の返球を絞ることができます。

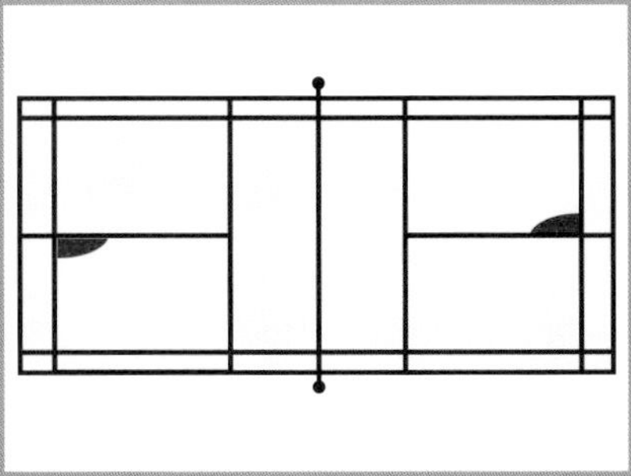

レシーバーのバック側、コート後方を狙ってシャトルを飛ばす

1 ラケット面とコルクの当たる角度を慎重に確認する

2 当てる角度が決まったら背筋を伸ばして構える

3 ひじが下がらないように注意してラケットを引き始める

リターン（サーブレシーブ）

Return

ラリーを優位に持っていくための鍵を握るプレー

バドミントンは、サービス側よりもレシーブ側の方が有利と言われています。その理由は、サービスはミスをすると即失点になるなど、攻撃的な球を打つのが難しいからです。そのため、2打目となるサーブレシーブを相手の体勢を崩せるいい位置に返すことが、ラリーを優位に展開する上で重要になります。

ひじを高く上げて構え、ショートサーブが浮いたらプッシュでリターンします。このとき、シャトルを迎えにいくようにして左右コースを打ち分けていきます。ロングサーブがきたらスマッシュで応戦。高い位置から打ち下ろし、相手にプレッシャーをかけていきましょう。

Check!

プッシュをイメージして下半身を安定させる

1　相手がショートサービスを打ってきたら前に詰める

2　ラケットを立てシャトルを迎えるように踏み込む

サーブレシーブを返す効果的な位置

サーブレシーブで狙う位置は、「ネット前の3カ所」「前衛のバックハンド側」「後衛のバックハンド側」など様々。後衛のボディを狙ったサーブレシーブも効果的です。前衛と後衛の中間を狙って相手にロブを上げさせ、トップ&バックの形を作ってもいいでしょう。

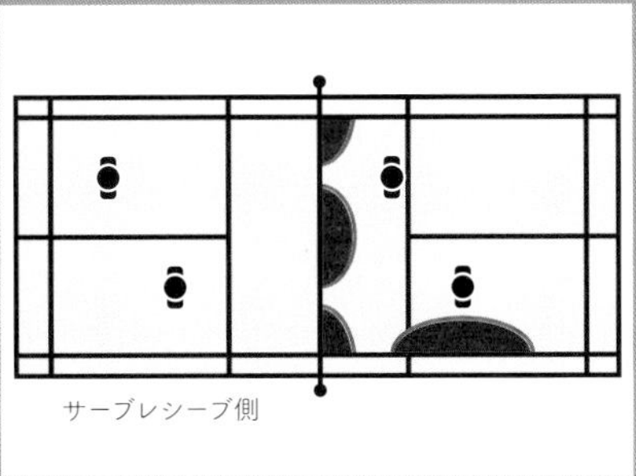

■ サーブレシーブを返す位置の例

3 ひじの位置が下がらないように注意

Check！
次の動きに向けて利き手の反対側の手でバランスをとっておこう

4 相手の動きを見ながら次の動きの準備をする

ショートレシーブ（バック）

Short receive Back

ひざと体で壁を作り、シャトルの勢いを吸収する

重くて速いスマッシュがきたら、ひざや体を壁にして吸収します。そうやって攻守交代を図るのがショートレシーブの目的です。レベルが高いスキルですが、身につけると大きな武器になります。

ダブルスは基本的に、フォアハンドではなくバックハンドで構えます。それはテイクバックの可動域がバックハンドの方が小さく、バックハンドで構えた方が守備範囲が広がるという利点があるからです。体の前でシャトルをヒットするために、しっかり足を使ってレシーブすることも重要です。

Check！

ひじを固定してバックハンドで構えておこう

1　足幅はリラックスできるスタンスで構える

2　シャトルがくる方向へ重心を移動。ラケットを構える

ひざをクッションにして体を寄せる

スマッシュに対するショートレシーブは、シャトルに向かって体を寄せるようにして打ちます。このとき、ひざをクッションにしてシャトルの勢いを吸収すること。力はそれほど必要ないので、体全体を使ってネット前に落としましょう。

シャトルを待っている状態だと勢いを殺せない

3 利き手側の足をシャトルに寄せるようにレシーブの準備

4 流れるように移動する方向へ。次の動きの準備を行う

ロングレシーブ（バック）

Long receive Back

ひじを起点にして腕が伸び切るように打つ

高く遠くへ飛ばすロングレシーブは、ショートレシーブに比べて大きなスイングで打ちます。シャトルを相手コートの奥へ打ち返せば、その分、返ってきたシャトルに対して準備する時間が作れます。スイングの勢いを利用して前に出ましょう。

ポイントは、打つときのポジションです。フットワークを生かして、おへその位置にシャトルがくるように移動します。シャトルをヒットするタイミングは、腕を体の正面へ伸ばすとき。ここが最も力が入る瞬間です。やや前傾に構え、ひじやひざをリラックスさせて準備します。

1 上半身を少し倒して構え、攻撃がくる準備

2 おへそにシャトルを呼び込むようにして腕を引いて待つ

フジカキから

うまくなる！アドバイス

まるい空間にシャトルが入ってくるイメージで

体の前、おへその前でシャトルをとらえて正確なポジショニングを行うには、おへその前にまるい空間をイメージしましょう。そこにシャトルが入ってくる意識で体を移動させて、下半身を安定させます。

へその前にまるい空間をイメージする

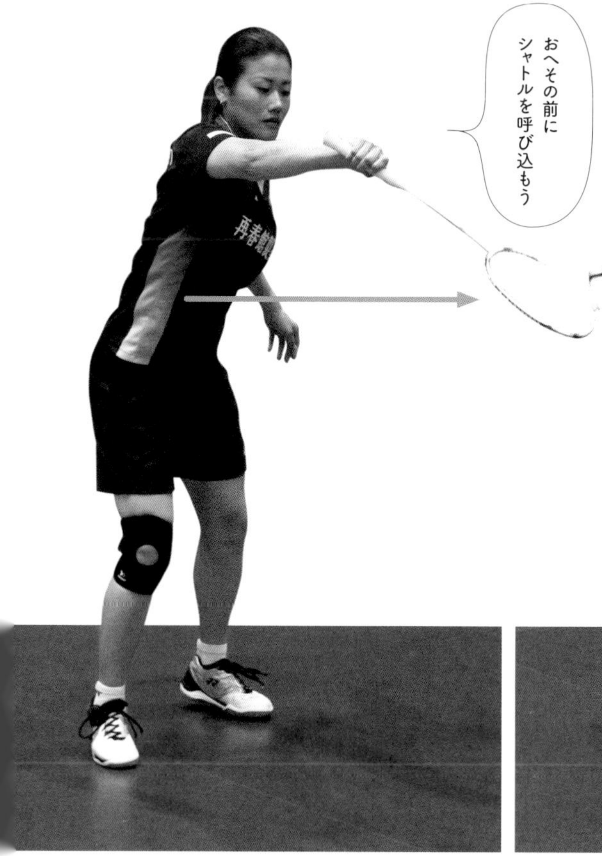

3 腕を体の正面に出す際、シャトルをとらえる

4 ラケットを振り上げ、相手コートの後方を狙う

ドライブレシーブ

Drive receive

ネット白帯の下から面を合わせて切り返す

　レシーブでありながら、攻撃の要素も併せ持っているのがドライブレシーブです。相手にシャトルをぶつけて対応を遅らせるなど、長いラリーの中で逆転の１球になる可能性もあります。守備から攻撃に切り替えたいときに使っても効果的。ラケットをかぶせて打てば、低くて長い球を打つことができます。

　ドライブレシーブは、相手のスマッシュをネット白帯の下から打ち返す数少ないレシーブです。コントロールはそれほど必要ありません。ただし、読まれるとカウンターを受けやすいので注意が必要です。

Check！

相手の鋭角の攻撃に対応。ネット白帯よりも下でとらえよう

1　ひざをやわらかくして構える

2　ひじを固定してラケットを引く

ラケットを上からかぶせるように振る

向かってくるシャトルにラケットの面を合わせるだけで、自然とドライブレシーブになります。シャトルの上からラケットをかぶせるのがコツ。インパクトの瞬間、親指に力を入れてシャトルをはじきだします。ひざが伸び切らないようにリラックスして構えましょう。

①

②

シャトルの上からラケットをかぶせるように

3 正面からきたシャトルに対して面を合わす

4 親指に力を入れて最後まで振り切る

ヘアピン（フォア）

Hairpin Fore

直前まで悟られないフォームでネット際に落とす

　ダブルスは、できるだけ高い位置でシャトルをヒットするのが基本中の基本です。シングルスのように低い位置でヒットすることはほとんどありません。その理由は、下から打つと相手に球種を読まれるからです。

　ネット際を狙って相手の体勢を崩すことが重視されるダブルスですが、いかにもネット際を狙うフォームで仕掛けると相手に切り返され、シャトルが浮くと叩き落とされてしまいます。したがって、ダブルスでは直前まで前方に落とすことを悟られないことがポイントとなります。

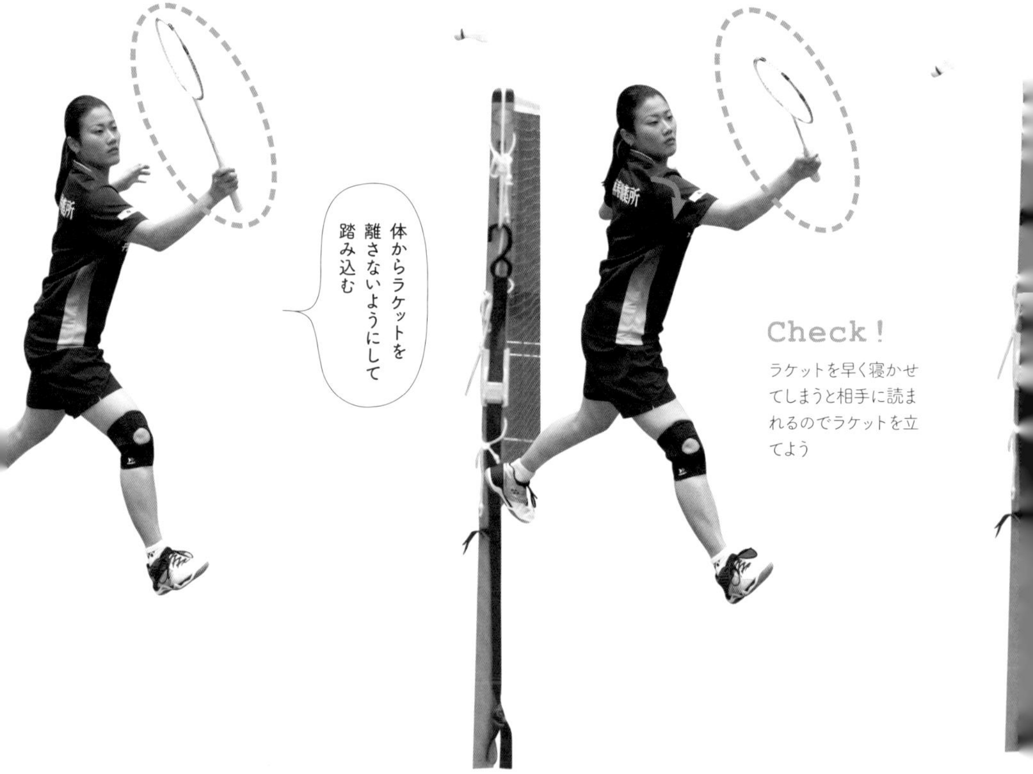

1 前方に浮いたシャトルがきたらプッシュのフォームで前に詰める

2 ギリギリまでラケットを立てておく

すばやくラケットを斜めにして切るように振る

低い位置でシャトルを迎えにいくと浮いてしまいます。ポイントは、ラケットを立てた状態からすばやく斜めにしてシャトルを切るように運ぶこと。プッシュと見せかけてネット際に緩やかなにシャトルを落としていきましょう。

ネット中段など低い位置でとらえると浮いてしまう

3 ネット際でラケットを寝かせてシャトルを迎えにいく

4 白帯の上を通過する軌道でネット際に落としていく

ヘアピン（バック）

Hairpin Back

親指で調整して直前でラケットを寝かせる

フォアハンドと比較すると、バックハンドは親指を立てて手首を固定して打つため、打球が安定。さらにフォアハンドよりも親指が使いやすく、ラケットを寝かしやすいという利点があるため、トップ選手のほとんどはバックハンドで対応します。

ポイントはフォアハンド同様、ギリギリまでラケットを立ててコート奥を狙うモーションを維持すること。相手の動きが後方に寄ったら、すかさずラケットを寝かせてネット際に落としましょう。

4 白帯の上を通過するように相手コートへ押し込む

Check!

まっすぐ立てていた親指を左方向へ寝かせよう

3 シャトルをとらえる直前でラケットを寝かせる

フジカキから

うまくなる!
アドバイス

足を使って ネット際まで 体を寄せる

フォアハンド同様、ネットから離れた位置や低い位置でラケットを寝かせてしまうと、ネット際に緩やかなショットがくると悟られてしまいます。足を使ってネット際まで体を寄せて、相手の動きを見ながら親指で調整してシャトルを迎えに行きましょう。

ネットから離れた位置、低い位置でとらえない

1 利き手側の足を斜め前方に出し踏み込む

Check!

かかとからしっかり踏み込むことで上体を安定させよう

2 ギリギリまでラケットを立ててネット際へ

ロブ（フォア）

Lob Fore

短いショットに対して相手の背後に返す

ドロップなど短いショットが体の前にきたときに、相手の背後に大きく返すのがロブです。ラリーをリセットしたいときなどに使います。ロブの質がよければ、相手の体勢が崩れるので強烈なスマッシュがくることはありません。相手の攻撃を阻止するショットとも言えるでしょう。

フォアハンドのポイントは、体から手が離れすぎないこと。手と体の距離が離れると、シャトルをコントロールしづらくなります。相手の返球に対して1歩目を強く蹴り出し、体の前でシャトルをとらえるようにしましょう。

1　前方に落ちてきたシャトルに向かって足を踏み出す

2　太ももに沿って腕を平行に振る意識でスイングの準備

ラケットを高く上げすぎず、目線で止める

フォロースルーを高く上げすぎると、シャトルの軌道がブレやすくなります。ラケットの先は、頭くらいの高さで止めるのが理想的。目線くらいの高さで止めてもいいでしょう。他のショットと同様、ひじがしっかりと伸びたところでシャトルをヒットするようにします。

ラケットは頭の先で止める

Check!
手と体が離れないように太もものすぐそばで腕を振ろう

3 ひじをしっかり伸ばして手首を固定

Check!
打ち上げた後、ラケットを目線付近で止めよう

4 腕が伸びきった瞬間にシャトルをとらえて打ち上げる

ロブ（バック）

Lob Back

前に落ちてきたショットをすくい上げる

下から大きく打ち上げるロブは、フォアハンドよりもバックハンドの方が難易度は高いです。つなぎの要素が強く、レベルが上がれば正確性も求められます。しかし、バックハンドは体の前でヒットしやすく、腕の可動域もそれほど大きくありません。慣れてくれば、フォアハンドよりも打ちやすいでしょう。

前に落ちてきたショットに対して足を踏み出し、すくい上げるように打ちます。スイング後もシャトルから目を離してはいけません。体勢を立て直し、スムーズに次のプレーに移ることが重要です。

1 利き手側の足を斜め前方へ踏み出す

2 重心を前へ傾けると同時にひじを固定してスイング

ラケットを立ててコースを打ち分ける

奥行きのある幅広いロブを打つには、ひじを支点にしてラケットをまっすぐ出すのがコツです。また、シャトルに向かうときに最後の1歩を大きくとると、上半身が安定するので力強いスイングができます。打ち終わったら後ろ足を前方に引き寄せて、すばやく次のプレーに移りましょう。

最後の1歩をしっかり踏み出し体勢を安定させる

Check!

踏み出した足、ひじで
体の軸を意識しよう

3 シャトルをすくい上げるように
ラケットの中央でとらえる

4 ラケットを振った後もひじの
位置は変えない

プッシュレシーブ

Push receive

フットワークでリズムをとり、スイングは小さく

相手のプッシュに対して体勢を崩されないよう、プッシュでしのぐのがプッシュレシーブです。シャトルが浮くと相手にチャンスを与えてしまうので、低い軌道を意識してヒットします。狙ったところに正確に返すためにも、フットワークに磨きをかけることが重要です。

また、プッシュの飛距離は短いため、打ったらすぐに返球がきます。ラケットを大きく振れば、その分、体勢を立て直す時間が短くなります。スイングをできるだけ小さくし、インパクトのタイミングをはかりながら返します。

Check!

相手の攻撃がくる前は小刻みにステップしてリズムをとろう

1　バックハンドでリラックスして構える

2　ひじを固定してコンパクトにラケットを引く

フジカキから

うまくなる！アドバイス

相手のショットを利用してコンパクトに打ち返す

ひじを支点にラケットを前に出していきます。大振りするとミスをしやすくなるので注意。相手の攻撃のショットの勢いを利用して、コンパクトなスイングで打ち返します。ラリーのリズムを変える効果もあるので、幅広いコースに打ち分けられるようにしましょう。

腕の振りが大きくならないように意識する

Check！

ひじをしっかり伸ばし、白帯を狙って直線的なショットを意識しよう

3 正面にきたシャトルを体の前でとらえる

4 低い軌道を意識してすばやくスイングする

ここでは攻撃、守備における
ダブルスの基本となるフォーメーション、効果的な戦術を紹介。
一般的なフォーメーションに加え、フジカキペアが
実践してきたローテーションのセオリーについて解説します。

フォーメーション
＆戦術

第4章

Formation &Tactics

基本のポジション&フォーメーション

Position & Formation

鍵を握るのは2人のコンビネーション

ダブルスの基本的なフォーメーションは、攻撃と守備によってそれぞれ異なります。攻撃時は、2人が縦に並び、「トップ&バック」の陣形を作ります。守備時は2人が横に並び、「サイド・バイ・サイド」という陣形を作ります。

攻撃時の「トップ&バック」は、前衛と後衛のポジションに分かれ、それぞれの役割を果たしていきます。前衛は前に出るスピードが速く、器用さを備えている人が向いています。後衛はコート後方から力強いスマッシュを打つ力が必要なため、パワーのある人が向いています。

この2人がローテーションしながらめまぐるしく位置取りを変え、ラリーの中から相手の隙を突いて点数を取っていきます。鍵を握るのは2人のコンビネーションです。一瞬でも呼吸が乱れると、ミスにつながります。

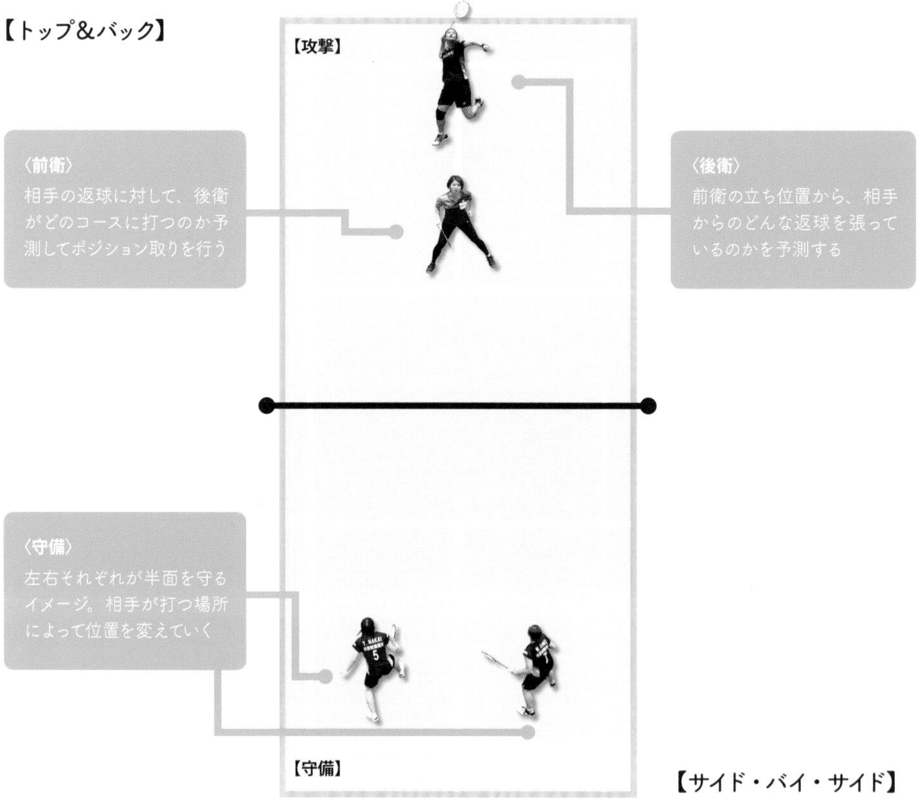

攻撃のフォーメーション

トップ&バック

前衛と後衛が縦に並ぶ「トップ&バック」は攻撃の陣形。前衛はネットの前で動き、チャンス球を作り、後衛がパワフルなショットを決めにいきます。このとき、大切なのは“パートナーに決めてもらうためにはどうしたらいいか”を考えること。自分たちが得意とする形で攻めることが、ローテーションにおいては重要なポイントになります。

守備のフォーメーション

サイド・バイ・サイド

守備は基本的にサイド・バイ・サイドの陣形を作りますが、これは単に守り続けるためではありません。守りの体勢からどうやって攻撃の体勢に持っていくか、タイミングを考えながら待って見極めます。2人の息を合わせて横から縦の形になる機会を狙っていきましょう。

【攻撃】前衛の役割

Front Position

ラリーを予測しながら相手にプレッシャーをかける

前衛の選手に求められるのは『張る』ことです。『張る』というのは、相手の攻撃を予測して構えること。後衛が打ったシャトルがどこに返球されるかを予測して、すばやく対応できるように準備しておくことが大切です。

トップ&バックでの前衛は、相手にプレッシャーをかけることも大きな仕事です。もちろん、相手の返球が甘くなったらそれを打ち返しても構いません。ただし、少しでもタイミングが遅れると、打点が下がって逆に相手にチャンスボールを与えることになります。積極的にトライしながらも「遅れた」と思ったら、極力、手を出さないことも重要。浮いた球も、取れるか取れないかを判断して、無理だと思ったら後衛に任せて次の球に備えます。

後衛がどこにいるかを常に把握しておく。パートナーの打つショットの軌道、タイミングを見て位置がわかるようになろう

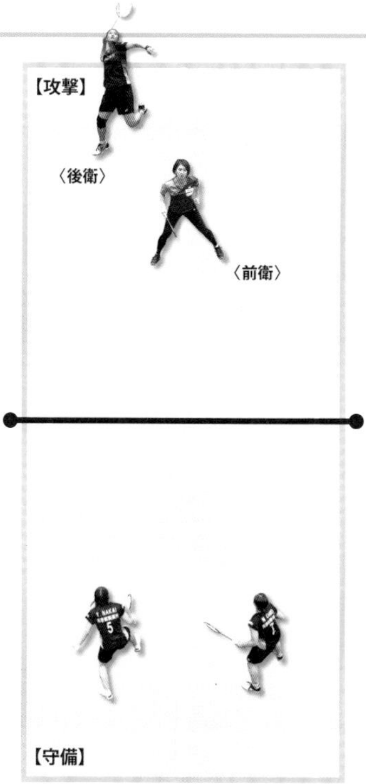

後衛が右サイド

相手のドライブとレシーブをしっかり止める

フォアハンドで攻めることができる右サイドですが、後衛が遠い位置から攻撃するときは、前衛としての役割に専念します。ただ、前衛と後衛の距離が離れると、ハーフに打たれる可能性が出てくるので、立ち位置はサービスラインよりも少し後ろ。後衛が打ったら少し前に出て対応するイメージです。ここでは相手のドライブやレシーブをしっかり止めることを意識しましょう。

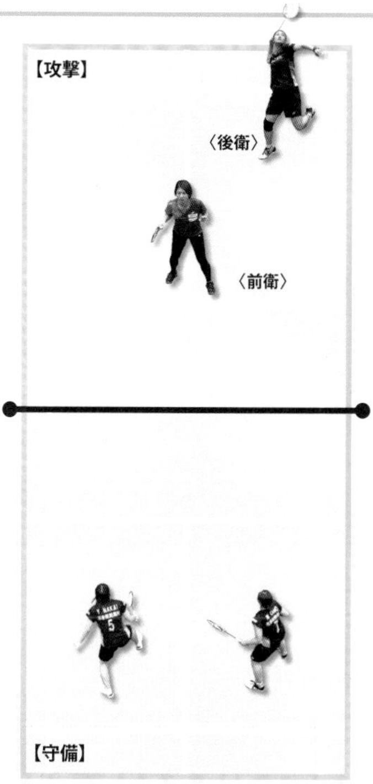

後衛が左サイド

フォアを使って守備範囲を広げる

左サイドはクロスレシーブがきても、前衛がフォアで攻撃を継続することができます。前衛の動く範囲は広がりますが、このほうが後衛は攻撃に専念できます。ショートレシーブ、右サイドの球はすべて前衛が反応しましょう。

【攻撃】後衛の役割

Back Position

多彩なショットで相手の守備を崩しにかかる

ロブなど相手がコート奥に打ってきたシャトルに対応するのが後衛の役割です。構えるときは、ラケットを立てて上体を下げるようにします。その理由は、２人の間を抜かれてもすばやく対応できるからです。さらにラケットを立てることで、相手に動きを読まれず多彩なショットを打つことができます。

後衛は、前衛がどこにいるのか、どこを『張っている』のかを考えなければいけません。その上で、スマッシュを何度も打って相手を崩し、前衛が攻撃に入れるようなチャンス球を作ります。シャトルのスピードはもちろん、狙ったところを打ち抜く正確性、長いラリーに耐えられるスタミナも必要です。シャトルを追う俊敏性とフットワークを身につけましょう。

Check!
ラケットを立てて構えて、２人の間の処理やショットにすばやく対応しよう

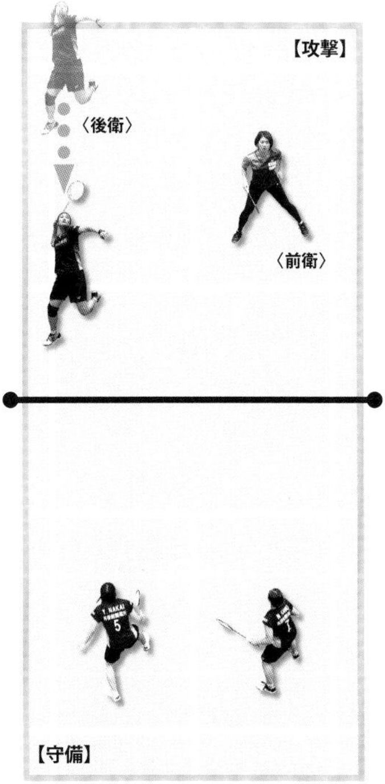

ローテーション戦術を使う

後衛が前へ飛び出すスピードを活かして詰める

ネット前で前衛が決めきれないときは、後衛がコート前方へ飛び出すローテーション戦術を使いましょう。相手の甘いロブやクリアに対して後衛が打った場合、次のストレート返球も後衛が前に攻め込んで対応します。前に入るスピードを生かして強打で押し込みます。

プレーヤーの移動
シャトルの動き

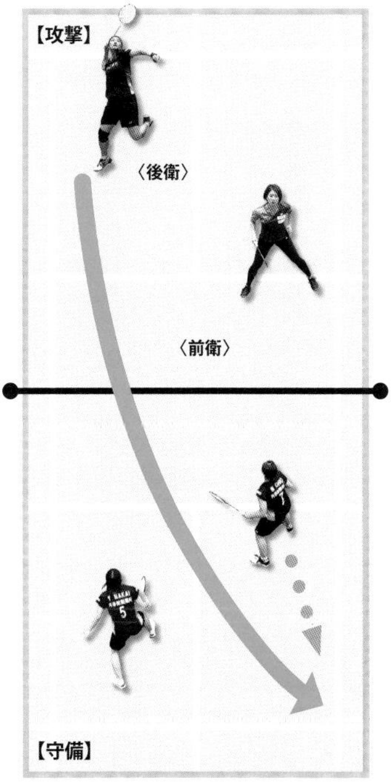

縦のスペースを意識する

スキルの高い前衛は狙わず、後方に下げる意識で

どこを狙うかは、相手の特徴に合わせていきます。スキルが高い前衛の選手を狙い続けていると、かえって相手にチャンスを与えてしまうので注意。そんなときは、できるだけコート後方へクリアを打って、相手の前衛を下げさせることも重要です。相手が苦手とするところを狙うなど、状況によって攻め方を変えるのがベストです。

【守備】二等辺三角形のフォーメーション

Defense Formation

クロス側がやや前に出ることで相手の甘い球に対応

2人のポジションは、相手が攻撃する位置によって2人の立ち位置を変えていきます。このとき、基本となるのが打つ選手に対して二等辺三角形を作り、相手から見てクロス側にいる選手がやや前に出ます。

そうすることで、相手の球が甘くなったときにカウンターを仕掛けやすくなります。逆にコートの後ろで2人が並んでいるとカウンターを仕掛けられません。2人ともにセンターで待つのは守備の効率も悪く、攻撃の形につなげる動きが遅くなってしまいます。

これがダブルスの基本的な守備のポジションです。フォーメーションの狙いを理解して、二等辺三角形を作りましょう。

右サイドを守る

正対している正面のレシーバーは、ストレートにバックハンドで押し込む気持ちで待ちます。無理にフォアハンドで引っ張らず、しっかりレシーブに集中します。離れた位置のレシーバーは２人の間にくるセンターへの攻撃を狙っていきましょう。とくにフォアハンドで逆サイドに切り返すことができれば、カウンターにつながりやすくなります。

それぞれの動き

正対しているレシーバー
立ち位置＝シングルスのサイドラインに足がかかるくらいまで寄る
レシーブ＝ストレートへの返球がセオリー。基本はバックハンドで対応する

離れた位置のレシーバー
立ち位置＝センターラインに足がかかるくらいまでパートナーに寄る
レシーブ＝センター・クロスの球に対応。クロス球にはストレートが効果的

左サイドを守る

正対している正面のレシーバーが注意したいのは、センターに打たれた球の対応。一番レシーブしにくいコースであり、バックハンドかフォアハンドで打つか判断に迷いますが、基本はバックハンドで対応しましょう。離れた位置のレシーバーはお互いの守備範囲をパートナーと決めておき、センターの攻撃に対応。逆サイドのクロススマッシュはフォアから打たれるので、注意しましょう。

【守備】前衛、後衛の役割

Defense Position

グリップを持ち替えるロスがないテクニックを身に付ける

横並びにポジションを取る守備にはとくに前衛、後衛という区分けはありません。ただし、守備から攻撃にスイッチすることを想定し、ここでは攻撃の前衛、後衛がそれぞれのポジションで守備を行う際の注意したい点を述べます。「サイド･バイ･サイド」は、前衛、後衛ともに同様のスキルが求められます。

ペアの特徴にもよりますが、レシーブをするときはバックハンドで打つ人が多いようです。体の正面にシャトルがくることが増えますが、フォアハンドで打つのか、あるいはバックハンドで打つのかはあらかじめ決めておきましょう。その理由は、フォアならフォア、バックならバックと同じ打ち方を続けると、グリップを持ち替える必要がないから。どちらで打つかは、練習でしっかり確認しておきます。

Check！
レシーブ時、一貫してバックハンドを使うとグリップを持ち替える必要がない。得意な形を身に付けよう

前衛

前に出ていくタイミングと臨機応変さを身につける

相手の前衛が下からラケットを振り上げざるを得ないように、相手の攻撃を予測し、先に低めのレシーブをして上げさせるのが前衛の役割です。逆に、相手の攻撃に対して簡単にロブを上げてしまうと、まさに相手の思うツボ。めまぐるしくラリーを展開しながらも次はどこにくるのかを予測することがとても重要です。理想的な前衛は、相手が打つポジションやラケットのフォームを見て状況を判断し、思い切って前へ出ていくこと。試合を作るための臨機応変さと前に出ていくタイミングを身につけ、ラリーの流れを作っていきましょう。

● ● ● ▶ プレーヤーの移動
━━▶ シャトルの動き

後衛

低い軌道のレシーブで甘いロブの返球を狙う

後衛は攻撃を繰り出す準備をしておくことも重要です。相手のスマッシュを返球するときは、低めにレシーブすることを心がけてください。攻撃側の前衛を揺さぶりたいときは、低くて速いドライブレシーブが有効です。いかに相手に甘いロブを“上げさせるか”を考えましょう。相手の体勢や返球をしっかりと目で追い、ロブが上がったらすばやく下がってトップ＆バックの形を作ります。前衛との距離感を把握しておくためにも、チャンスだと思ったら「自分が行く」とパートナーに意思表示することも大切。とくにダブルスは、ローテーションの動き方など２人のコミュニケーションが勝敗のカギを握ります。

こんな場面、あんな場面での戦術

Tactics

相手の心理状況を考えて決めごとをつくる

戦術を考えるときに重要なのは、相手チームの心理を考えることです。相手が仕掛けてきたショットに対して自分がどんなショットを仕掛ければ、自分たちが攻撃しやすい返球がくるか。そのような球をわざと繰り出して、パートナーとともにそこをしっかり張っておきます。

こちらの作戦がうまくいけば、相手は１本やられてしまうとそこに怖さが残るため、次の展開では違うところを攻めてくるでしょう。前回つぶしたところ以外のところにくると予測し、違うところを張っておくのです。そういった心理状況の駆け引きが、戦術を立てる基礎となります。

ダブルスの戦術の第１歩は、あまり難しく考えず２人の“決めごと”をつくること。「このコースにきたら私が打つから、この球はパートナーに任せる」など、ひとつの決めごとをなるべくシンプルにします。その決めごとを増やしていくことで、互いの長所を生かした“2 人の戦術”ができ上がっていきます。

Check!
互いの守備範囲を２人の約束ごととして決めておこう

CASE 1 戦術の基本ケース1

守備から攻撃のスイッチはどう押すのか

攻守交代のタイミングは、「司令塔」といわれる前衛がそのタイミングを見計らって、守備から攻撃へのスイッチを押します。本来、コート前方にいる前衛がコート後方にまわって相手の攻撃に振り回されたときは、どうやったら後衛をコート後方へ下げられるかを常に考える必要があります。相手の隙をついてショートレシーブやドライブレシーブを仕掛けていき、相手にラケットを下から振らせます。その間合いを利用してトップ&バックの形へ切り替えていきます。

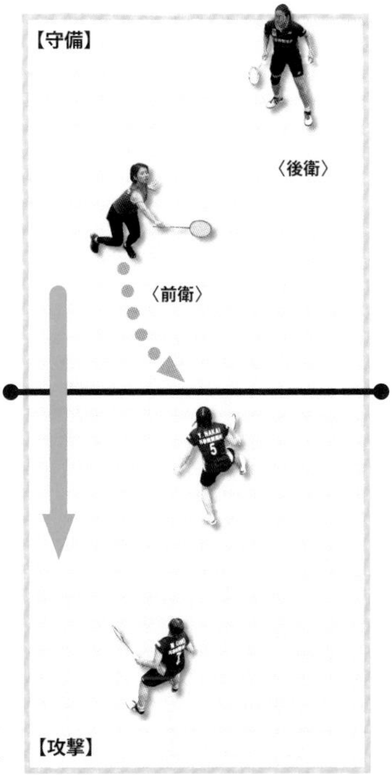

●●●▶ プレーヤーの移動
━━▶ シャトルの動き

ロングレシーブを使って
前に行かない。
ミスがないよう落ち着いて
相手のネット際に落とす

CASE 2 戦術の基本ケース 2

低い球の打ち合いの展開ですべきこと

最近は空調がよく利いている体育館が多いため、空気の流れ、強弱を事前に確認しておきます。それによっては、強い球を打つとアウトになってしまうケースも多々あります。そういうときは、コントロールできる低い球を打ちあう展開に持ち込みます。軌道が低くスピードのある球に対して、すばやく対応するためにラケットは常に立てて構えておきましょう。

狙いどころ

ラケットを立てておくと 2 人に間にくる球も
しっかりマークすることができる

CASE 3　戦術の基本ケース 3

クロスレシーブで空いている コースは狙わない

レシーバー側の心理として、空いているコースに返球したくなるものです。 とくにクロスレシーブで相手を追い込みたいと考えがち。クロスコースは距離が長いため、距離が届かなかったり、高さが中途半端になったりして捕まる可能性があります。初級者・中級者であれば、まずは基本のストレートのショットの質をしっかり高める。前衛に捕まらない返球を心がけていきましょう。

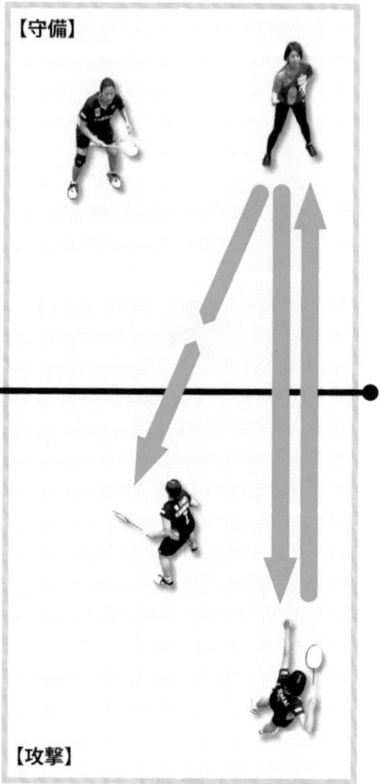

ジュニアや女子のクロスレシーブは浅くなりがち。
まずはストレートに浮かない球や低くて速い球を打てるようにしよう

CASE 4　戦術の基本ケース 4

センターからの攻撃の 狙いどころ

試合中にコート中央にロブやクリアがくることは、よくあります。センターから攻撃するときの狙いどころは、ど真ん中です。レシーブ側は、レシーブ範囲を広くとるので真ん中に対する集中力が低くなります。また、相手が互いにラケットを出してしまうことも考えるので、センター攻撃に対して振り遅れることが多くなります

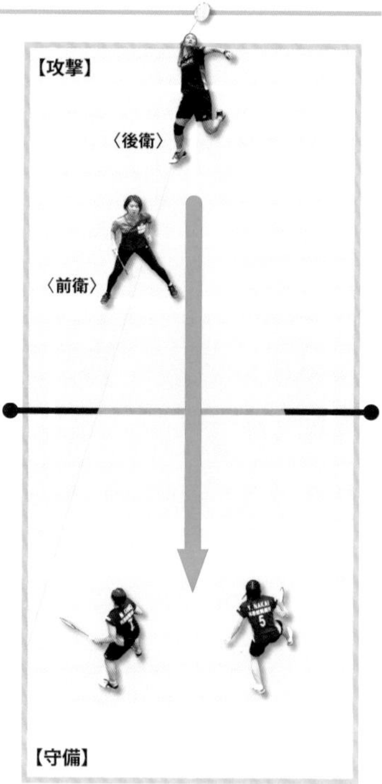

２人の間をねらうのがセオリー。
相手が間を詰めたら、サイドラインを狙っていこう

CASE 5 戦術の基本ケース 5

縦vs縦となったら前衛が勝負をかける

一般的には攻撃が縦、守備が横の陣形でラリーが展開されるバドミントンですが、トップレベルの男子や男女混合のミックスダブルスでは、お互いがラケットを下から振らせず、ネット際でのプッシュなどもなく、縦の陣形で打ち合いが展開されている試合もあります。そのような展開になったときは、前衛の選手が試合の流れを読んで思い切って前に行けるかが、勝負の鍵となります。

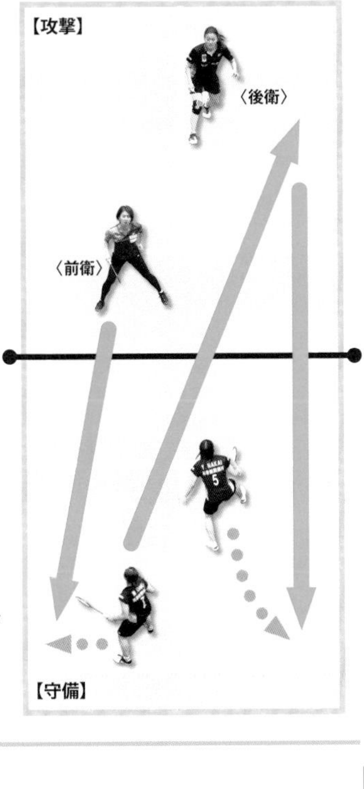

縦の陣形をお互いが
維持する展開は、
体力的にも精神的にも
我慢が求められる

● ● ● ▶ プレーヤーの移動
━━━▶ シャトルの動き

ローテーションの戦術

Rotation

縦の動きのスピードを利用してプレッシャーをかける

基本的に後衛はストレートにスマッシュを打ち込み、ネット際で前衛が仕留めるのが、基本的なフォーメーションです。このフォーメーションでは前衛は縦の動きだけではなく、後衛と同じサイドに寄り、横へすばやく動く能力が求められます。

横への動きのスピードに自信がなく、縦の動きが速い人は、ローテーション戦術をおすすめします。とくに元々シングルスの経験がある人は、持ち前のスピードを発揮しながら縦の動きを利用して相手にどんどんプレッシャーをかけていきましょう。

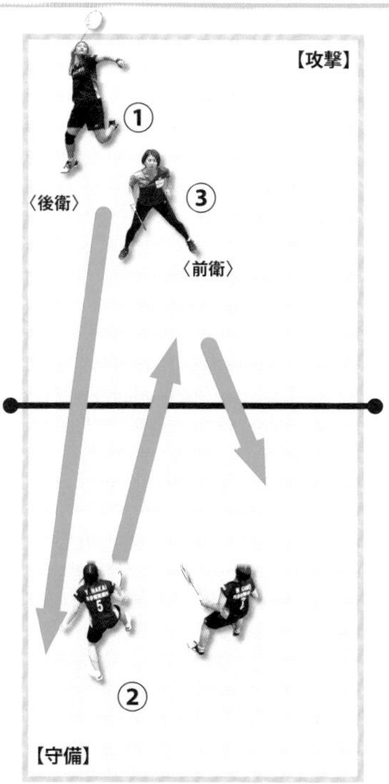

基本的なフォーメーション

後衛は前衛に決めてもらう球を作る

得点を狙うときは、攻撃力のある後衛がストレートにスマッシュを打ち、前衛はその返球を待ちます。このとき、前衛はできるだけ後衛サイドに寄って間合いを詰め、ポジションを下げた位置で相手のドライブやショートレシーブを張ります。

① 後衛がストレートにスマッシュを打つ
② 相手がショートレシーブし返球
③ 前衛がネット際でプッシュ

ローテーションを使うフォーメーション

前衛は後衛に決めてもらうスペースを作る

後衛は、前に入るスピードを生かしてどんどん詰めていきます。この時、前衛は後ろに下がって相手のロングリターンやクロスレシーブを警戒しながら、後衛が前に出やすいようにスペースを空けます。後衛はチャンス球を強打で押し込み、前に出ます。

① 後衛がストレートへスマッシュ
② 相手がドライブレシーブし返球
③ 後衛は打った直後、コート前方へ移動
④ 後衛がネット際でプッシュし押し込む

● ● ● ▶ プレーヤーの移動
━━▶ シャトルの動き

CASE 1　ローテーションの基本ケース 1

前衛がコート前で飛びつく

前衛が前に出た後、後衛も前へ

ここからは本来コート後ろにいるはずの後衛が前へ出ていくローテーション戦術の基本となる４つのケースを紹介します。まず１つ目のケースは、後衛がスマッシュを打った後、相手のショートレシーブに対して前衛が前へ出てプッシュで押し込みます。その際、後衛はコート前方へ出ていきます。前衛との距離が離れすぎると、逆サイドへの球にアプローチすることができません。前衛が前に出たら、後衛はコート全体を守る意識を持ちましょう。

後衛はコート後方でストレートへ打つ

前衛はネット付近へ飛び出す準備

打ったら逆サイドを張る。
前衛はコート前方で待つ

後衛は前衛との距離を詰める

前衛はプッシュで押し込みにいく。
後衛はコート前方へ移動

後衛はコート後方と、
逆サイドの前方を張っておく

CASE 2　ローテーションの基本ケース 2

後衛がコート後方から前へ入る

前に出て 2 本続けて攻めにいく

縦の動きのスピードが速い人は、この形を得点の決めパターンとしておすすめします。後衛は 1 本目のスマッシュ後、逆サイドを捨てることで前へ出ることに集中できます。前方へ重心を乗せてステップを踏み込むことで、強い攻撃を仕掛けることができます。

コート後方から後衛がスマッシュを打つ

前衛は相手のレシーブのタイミングをよく見て逆サイドに下がる準備。早く下がりすぎないように注意

後衛は打つモーションを保ち、
そのまま重心を前方へ

後衛は打ったらすぐに前へ重心を移動する

前衛は少しずつスペースを空け、
逆サイドに重心を寄せる

後衛はコート前方で相手の返球を待つ

高い打点から強打で攻める。
前衛はコート後方を張っておく

CASE 3　ローテーションの基本ケース 3

前衛がコート後方に下がる

コート後方の球を前衛がとりにいく

前衛はホームポジションから後ろへ球がくると軌道が読めたときは、コート前を捨てて後ろに下がります。ただし、後衛との距離があるとコート前が空いてしまうので注意。常に後衛のシャトルの軌道を確認して位置を把握することが大切です。後衛も前に入るタイミングで、前衛に声をかけると確実にポジションを入れ替わることができます。

コート後方、クロス方向にきた球を確認

ポジションがめまぐるしく
入れ替わっても、前衛との距離を
詰めながら逆サイドに
意識を置いておこう

コート後方で打った後は逆サイドを意識

前衛が後ろに下がり、上からとらえにいく

後衛は前衛がいたポジションに移動。
ネット前を張る

その間、前に出てきた後衛は
ネット付近で待つ

ストレート側にきた球に対応する

CASE 4　ローテーションの基本ケース 4

前衛がコート前に出て いったときの後衛の動き

前衛が前へ出た隙を狙って 後衛が攻め続ける

前衛がコート前でショートレシーブをしたとき、その間に後衛はコート後方をカバー。けれども、ここで終わらないのがローテーション戦術の利点。後衛がコート前方に移動しもう一度、上から攻めるフォーメーションです。前衛のレシーブを有意義に活かすため、後衛は足を動かし前に上がるチャンスを狙っていきます。

前衛はショートレシーブで前に出ていく

後衛がレシーブ。
前衛は後衛の動きをみて下がる準備

後衛は前衛との背後で距離を保つ

ライン際にきた球を後衛に任せ、
スペースを空ける

後衛はレシーブした後、前へ。
前衛はコート後方へポジションを入れ替える

前にきた後衛は相手の返球を待つ

皆さんはどんなことを意識して試合に挑んでいますか？
それは試合の流れや場面によっても違ってくると思います。
現役時代、ゲームを作ってきた藤井瑞希が
試合の流れにおいて意識してきたことをお伝えします。

ゲームの進め方

第5章

Game Make

準備の環境を整えることが、平常心で試合に臨むために大切なこと

■試合前に確認しておくべきこと

テレビに映るバドミントンの試合はとても華やかで、選手の一挙手一投足をワクワクしながら見ている人も多いと思います。ですが、勝ち負けは目に見えるところだけで決まるわけではありません。体育館に足を運んだときから、すでに勝負は始まっていると言っていいでしょう。大事なのは、コートに立つまでの準備です。

例えば、空調の強さと流れ、フロアの広さ、照明の位置、天井の高さなど、条件は体育館によって様々です。壁の色によってシャトルの見え方が違うこともあり、壁がどこにあるかによって音の聞こえ方も変わってくる。シャトルが落ちてくるスピードも異なります。すると、いつも通りプレーしているはずなのに、こんなことが起こり得るのです。

●思ったよりも遅くシャトルが落ちてくる

●レシーブのタイミングが合わない

会場がいつもと違うというだけで本来の力が発揮できないのは、とてももったいないものです。スマッシュとレシーブのタイミング、あるいはラケットのスイートスポットでしっかり打てているか。そういったことを、試合が始まるまでに確認しておくようにしましょう。

■ウォーミングアップ

ウォーミングアップは、いつでもできるだけ同じ時間に、同じメニューで行うのが理想的です。とくに自分の調子がよかったときのウォーミングアップを次の試合でも行うと、より気持ちよく試合に入れます。

私たちの場合、ウォーミングアップを始めるのは試合開始10分前でした。流れもだいたい決まっていました。もちろん、次の試合までの時間が短いときなど、思うようにウォーミングアップができないこともあります。海外での大会ならなおさら。ですが、できるだけ同じ条件でウォーミングアップができるように準備していました。環境を整えることが、平常心で試合に臨むためには何よりも大切なことです。

■試合への入り方

どれだけ経験のある選手でも、いざ試合が始まったら緊張で足が動かないという人がいます。そんなときは、スマッシュを打って意図的に体を動かしてください。その理由は、スマッシュが一番大きく体を動かすから。ドロップなどの小さな動きに頼らず、全力でスマッシュを打って緊張をほぐします。それにより、相手にもプレッシャーをかけることができます。

また、ダブルスの場合、自分たちの得意なプレーを展開していくことも流れを引き寄

せる一つの方法です。重要なのが２人のコンビネーション。私たちにも、いくつかの得意なパターンがありました。

- **垣岩が後ろからフォアハンドで打って、前へ入りながら決める**
- **藤井が前から後ろへの下り際に決める**

これは、ほんの一部です。自分たちが得意とする攻撃を繰り出し、お互いの動きに集中し、相手によってパターンを変化させていく。そうすることで、集中して試合に入っていくことができます。

もちろん、途中で修正もします。私たちも、ゲームの中で何度も話し合いを重ねてきました。例えば、パートナーのプレーがいつもより遅いとき。そんなときは、「あの場面、前に入れていないよね？」と聞いて意識を高めます。ああしなさい、こうしなさいと指示することはありません。もちろん、パートナーが気づいていれば、それでOKです。

第一に、ストレスをそのまま放っておかず、問題点をしっかりと共有することが、その後の試合の行方を左右すると言えるでしょう。

試合の前半に心がけること

3ゲームマッチで行われるバドミントンは、言うまでもなく第1ゲームを取ることが重要です。ですが、第1ゲームを取れるのはどちらかの1チームだけ。半数は、思い通りに試合を進められず第1ゲームを落としてしまいます。

では、第1ゲームの終盤に、相手にリードされていたらどうするか。中には、「追いつかなきゃ」と必死にシャトルを追いかける人もいるでしょう。でも、そこで体力を消耗して、結果的にストレートで負けてしまうことがあります。100パーセントの力を出し切ることができず、明確な反省点も見つけられません。コーチからメンタル面ばかり指摘されておしまい。それでは、いつまで経ってもスキルアップはできません。

大事なのは、勝ち負けだけにフォーカスを当てないことです。「このまま第1ゲームは落としそうだな」という場面では、「1点でも差を詰めよう」というくらいの気持ちでプレーします。

目先の得点に惑わされない

もし心に余裕があれば、「効き目がありそうなプレー」を第1ゲームが終わるまでに試しておいてもいいでしょう。終盤競ったとき、後半の大切な場面で切り札となる一打を知っておくことが大切です。そうやって目

相手にリードされても、「まだ第2ゲームも第3ゲームもある」くらいの気持ちで

的を持って集中しながらプレーしていると、いつの間にか相手のスコアを追い抜いていることがあるのです。

相手にリードされても、まずは追いつくことを考えてください。負けたらどうしようではなくて、「まだ第2ゲームも、第3ゲームもある」くらいで十分です。第１ゲームを落として肩を落とすよりも、「次でがんばればいいよね」というくらいの方が、第2ゲームをフレッシュな気持ちで迎えることができます。

■接戦になった時の約束事

「接戦のときは相手の弱点しか狙わない」

それが私たちの約束事でした。もっと深く言えば、[ラウンド] か [フォア] のうち相手が苦手とする方を必ず狙う。それを頭に入れておくだけで、優位に試合を進めることができます。

肝心なのは、どうやって1点を奪うかではなく、相手の嫌なところを突くことです。それだけに集中すれば、相手に決められる可能性、あるいは自分たちがミスをする可能性が大幅に減ります。

では、もしも相手が自分たちの弱点を突いてきたらどうすればいいか。そんなときはもう、我慢するしかありません。ただし、狙われているということは、一定の場所にシャトルがくるということ。そこを逆手にとって、カウンターショットを打つことができます。

何より、苦しい場面でも、できるだけラリーに持っていくことを心がけましょう。そして、審判に「ゲームセット」と言われるまで、ポジティブに考えること。それをコートの上で表現できたら、きっと自分たちのペースで試合を運ぶことができます。

「勝つまであと1点だ」と思わない。ゴールを少し先延ばしにする

■試合の終盤

皆さんは、こんな経験をしたことがないでしょうか。

「終盤までリードして先にゲームポイントを奪ったのに、勝ちを確信してペースを乱し、そこから逆転で負けてしまう」

先に 20 点（ゲームポイントもしくはマッチポイント）を取りながら逆転されるケースは、勝ち急いでいる人に多いようです。つまり、「あと 1 点だ」と思うことで緊張が高まり、肩に力が入ってアウトにしてしまう。ミスというのは、そうした心理状況から生まれるものです。

そうした負けパターンを解消したい人には、こんな方法がオススメです。

それは、「ゴール（21点）を少しだけ先に伸ばす」こと。例えば、相手より先にセットポイントを奪っても、「勝つまであと1点だ」と思わない。そうではなく、少し点数を延ばして「あと3点だ」と言い聞かせるのです。18点を先に取ったら「あと5点」。それさえイメージできれば、気づいたときにはゴールしていたという状況に持ち込めます。

私は、リードしているときこそ慎重に攻めていました。ラリーの中でも、決められる確率が80パーセントくらいになるまで、勝負に出るのは避けていました。無理に賭けに出ることはありません。だって、リードしているのは自分たちの方なのだから。慌てているのは相手の方。そう自分に言い聞かせて、冷静に試合を進めていってください。

この章では、初心者向けの基本の練習メニューから
上級者向けの実践に即した練習メニューまで紹介します。
長いラリーが続くダブルスにおいて、苦しい場面でも決めきるため、
簡単な練習でも課題を持って日々取り組むことが大切です。

練習方法

第6章

Practice

基本のフットワーク

初動を意識して多方向にすばやく動く

コートを縦横無尽に動くためには、動き出しの反応、動きをすばやく行うことが重要です。とくにひとつの動きから次の動きへの切り返しを瞬時に行い、体を多方向に動かしていかなければいけません。それらの動きを身に付けるためには、フットワークのトレーニングを行います。

ナショナルチームでも30分くらいは必ず時間をとってフットワークを行い、足に重りをつけて行うなど重要視されています。また、フットワークはシングルスとダブルスでも異なります。縦の動きが中心のシングルスとは違い、ダブルスは横の動きも織り交ぜて行います。

また心肺機能を整えるという意味でも、フットワークは大切。バドミントンのラリーは、1回平均20秒から30秒です。激しい動きの中でも呼吸を行い、パートナーが打っているときに心肺機能を整える習慣を身に付けていきます。そのためには、コート練習の中で20秒から30秒動いて10秒休む、という間隔でフットワークを取り入れていきます。

Check！

距離が均等であるコートを利用。実際のプレーも想定しながら走ろう

タオルギャザー

【狙い】

コートを動く際、ステップを刻んでいくのに足の指の動きが重要。末端の動きが滞らないようにします。

【やり方】

タオルやハンカチなど布を準備。床に置き、それを足の指全体で掴みます。指をしっかり曲げて布を動かします。

【ポイント】

トップ選手たちも必ず行っているトレーニング。練習前に足の指の運動を行うことでステップの動きもよくなります。

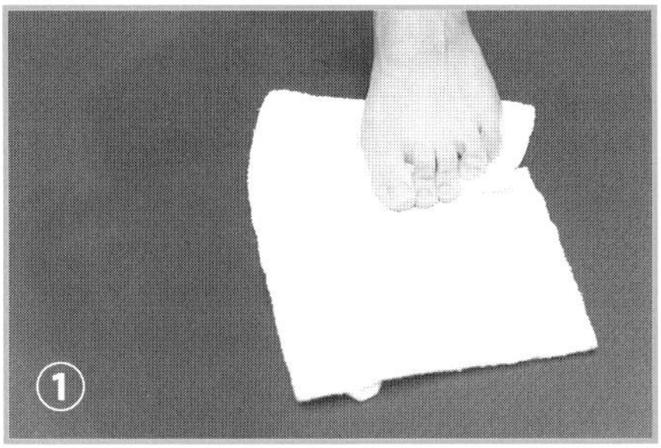

床に布を置き、足で踏みつける

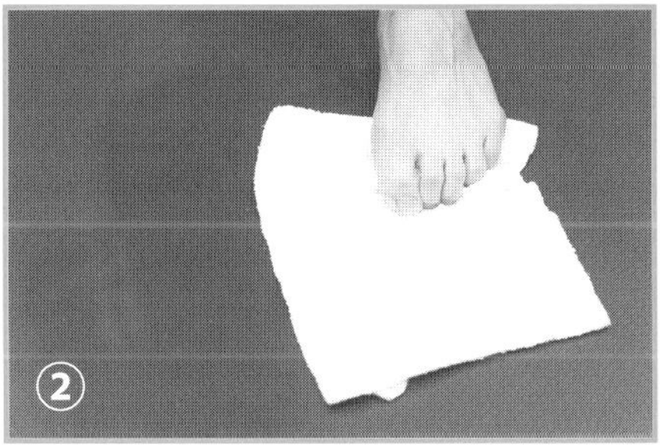

指全体で布を掴んで離す、を繰り返す

シャトルラン

【狙い】

コート３面を使ったシャトルランで持久力をつけます。ひとつのコートを往復するシャトルランよりも走る距離が目に見えるので、モチベーションをコントロールできます。

【やり方】

スタート時、走る際にはシャトルをひとつ持ちます。ひとつのコートを折り返すときにシャトルを置き、スタート地点についたら新しいシャトルを持ち、次のコートへ向かいます。

【ポイント】

最後の３往復目は疲れが出てきますが、スピードを落とさないようにラストの踏ん張りを見せましょう。

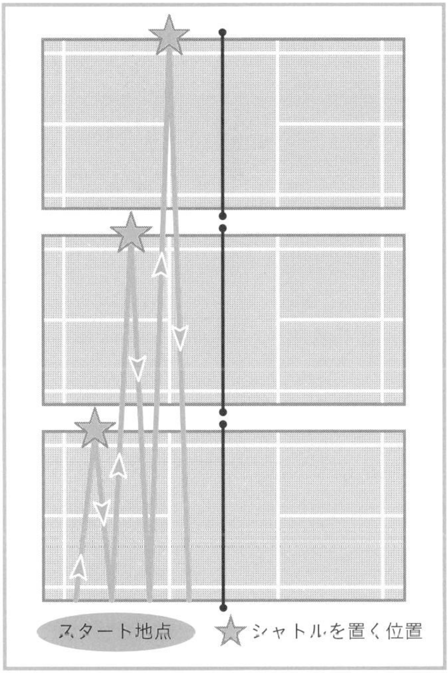

ハーフコート前衛

【狙い】

ダブルスは１人半面ずつコートを担当するため、コート前方、後方と分けて行います。コート半面の中で、できるだけ早く動くことが大切。

【やり方】

フットワークのトレーニングは、基本的にラケットを持ちますが、シャトルは使いません。半面の中央からスタート。そこからネット際に寄り、逆サイドへ移動、下がって戻るなどの動きを繰り返します。

【ポイント】

シャトルを使わないからとはいえ、ショットのモーション時にひじが下がらないように注意しましょう。

コート中央からスタートする

左サイドのネット前へ詰めてプッシュを想定

右サイドへ移動しネット際を張る

すぐに斜め後方へ下がり、ラケットを振る

ハーフコート後衛

【狙い】

コート後方の動きを身に付けます。移動距離を最短の時間で動けるステップを意識することが重要です。

【やり方】

コートコーナーからスタート。そこからエンド際で構えながら、逆サイドへ移動。コート中央まで前進するなどの動きを繰り返します。

【ポイント】

最短距離で移動できるステップの歩幅、歩数などを反復練習で体に染み込ませましょう。

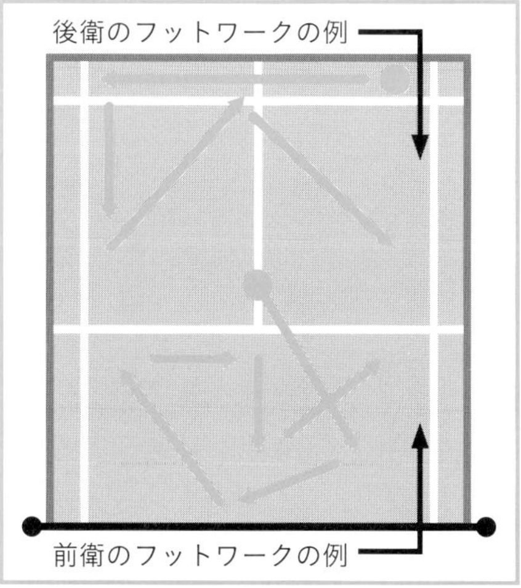

コートコーナーからスタートする

コート中央を意識し逆サイドへ移動

逆のコーナーでスマッシュを打つ

前進しドライブを打つポジションへ

ローテーションのフットワーク

【狙い】

シャトルは使わず、2 人がローテーションしながら動きを合わせていきます。試合を想定するため、あらかじめの動きは一切決めておきません。コートで呼吸を合わせていきます。

【やり方】

常にパートナーがどこを張っているか把握し、それに対して自分はどこを張るべきか。そこに意識を置いてローテーションの位置やタイミングを決めていきます。

【ポイント】

パートナーの動きをお互いによく視野に入れて、自分はどう動くべきかをすばやく判断することが大切です。

前衛、後衛で構えてスタートする

前衛はコート後方へ、
後衛はネット際へ距離を詰める

2 人が前と後ろを入れ替わる

前衛はネット際、
後衛は前衛の動きを観察する

左右入れ替わり、前衛は次の球への準備

最初は呼吸が合わなくても
少しずつ合わせていく

切り返しの練習①

【狙い】

ウォーミングアップにもなるコート全体を使ったフットワーク練習。移動時に視野を確保し、切り返しの動作をすばやく行います。

【やり方】

コートに1人ずつ入ります。1人がコートの4つあるコーナーに向かって自由に移動します。もう1人はその動きを視野に入れて真似して同じ動きを行います。1セット15回タッチが目安。

【ポイント】

先にスタートする人は相手に追いつかれないように速く動きます。コーナーを切り返すときのスピードを意識して行いましょう。

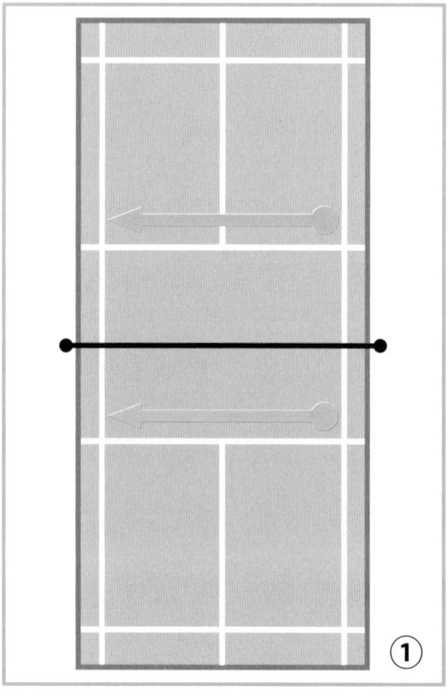

先にスタートした人と同じ横方向へ動く

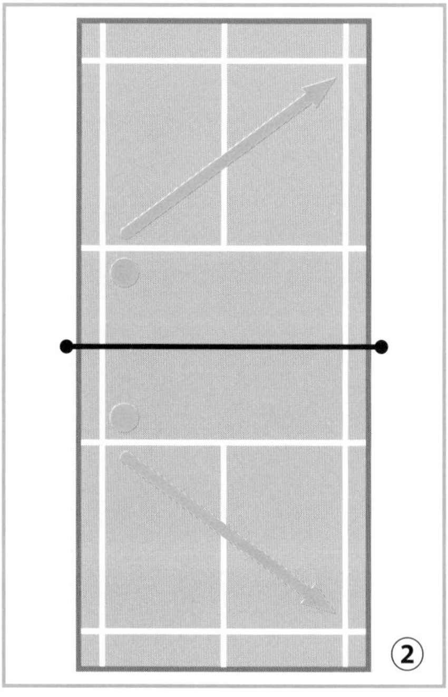

先にスタートした人と同じ斜め方向へ動く

切り返しの練習②

【狙い】

相手の動きをよく見て相手と逆の方向へ移動するフットワーク。相手の動きを見て判断するので頭の体操にもなります。

【やり方】

同じ動きとは逆。切り返しで相手がどちらの方向へ動くかを判断して、反対の方向へ切り返して移動します。

【ポイント】

ジュニア世代には相手の動きに対してどこまでついていけるか、ゲーム形式にすると楽しみながら体を温めることができます。

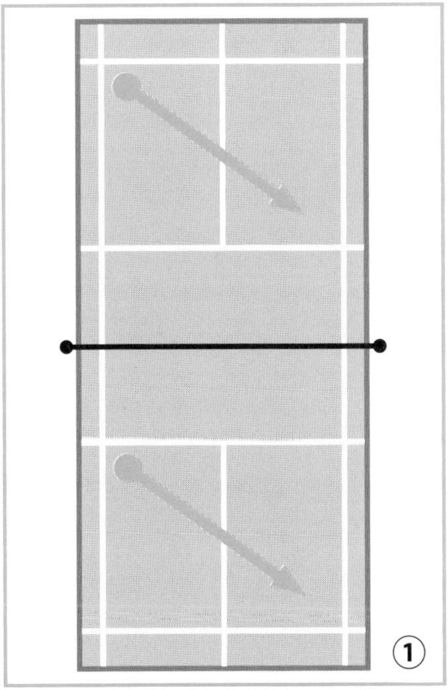

先にスタートした人が斜めに前進したら（コート上）、後からスタートした人は後進する（コート下）

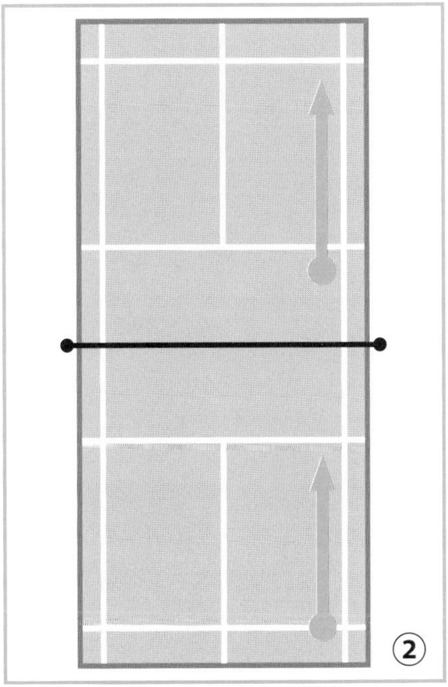

先にスタートした人が後進したら、後からスタートした人は前進する

基本の練習メニュー

簡単な練習こそ精度高く、試合を想定して取り組む

フットワークで足を慣らした後は、技術を磨く練習やゲーム練習に入っていきます。バドミントンの試合は、1 セット 20 分前後、1 試合で 40 分前後。長いときは 1 時間を超えるときもありますが、少なくても 40 分間動ける体力と精神力が必要になってきます。とくにダブルスは簡単に得点が決まりません。苦しいラリーの中でもギアを上げて、攻めていかなければなりません。どの試合でも、「あともうひと踏ん張り！」という場面が出てきます。

その「もうひと踏ん張り」は、決して難しい練習をこなしたから身に付くものではありません。簡単な練習でも、常に試合を想定して精度の高いプレーを求める意識で取り組むことが何よりも重要です。苦しい場面でも踏ん張ることができるように、日々練習を積み重ねていきましょう。

シャトル投げ

【狙い】

バドミントンを始めたばかりの人、初心者向けの練習です。ラケットを振るときは肩甲骨をしっかり使うことが大切。シャトルを手で投げて腕の軌道を意識し、ラケットを振るイメージで行います。

【やり方】

シャトルを手で握り、コートの外側に立ちます。シャトルがネットを越えるように肩甲骨を使って正面に投げます。

【ポイント】

シャトルがネット上で曲線を描くようにひじをしっかり引き、腕を伸ばすときの力でシャトルを投げましょう。

シャトルを耳元に置き、
ひじをしっかり上げる

ラケットでシャトルを運ぶ

【狙い】

腕の長さ、ラケットの長さをしっかり把握することが狙い。シャトルがラケットの中央に正確に当たる感覚を身に付けます。

【やり方】

ラケットを寝かせてその上にシャトルを乗せます。乗せたまま、走るスピードを少しずつ早め、シャトルが落ちないようにバランスをとります。

【ポイント】

慣れてきたら、直線だけではなくジグザグ、ジャンプなど変化をつけてレベルを上げていきましょう。

ラケットを寝かせて、
シャトルがラケットから落ちないように動く

後ろの足を曲げて
重心を下げ、投げる準備

シャトルが頭の後ろを
通るようにひじを前へ

重心を前方に移動し、
正面へ投げる

シャトル連続打ち上げラン

【狙い】

少しずつ実践に近づけていきます。自分の体からラケットの中央までの距離を認知しながら体を動かしましょう。

【やり方】

シャトルを連続で打ち上げるとき、ラケットを上向きで行います。最初は距離を認知しやすいように低めに打ち上げ、少しずつ高さを出していきましょう。

【ポイント】

最初は難しければ、その場で連続。慣れてきたらシャトルの落下地点にしっかり体を寄せる意識で動いていきましょう。

② ラケットを寝かせて再び打ち上げる

① シャトルを上に打ち上げる

壁打ち

【狙い】

レシーブの準備と体の使い方を身に付ける練習。シャトルがどこに跳ね返ってくるかを予測しすばやく反応。下半身を安定させて打ち返します。連続で行い、集中力を高めます。

【やり方】

壁から２～３ｍほどの位置に立ちます。体をシャトルに寄せるようにして連続で打ち返していきます。上級者はスカッシュなどの重いラケットで負荷をかけましょう。

【ポイント】

足の裏全体を床につけず、かかとを少し浮かせて前かがみで返球を待ちます。横の動きを意識してリズムよく打ち返していきます。

壁打ちが禁止されている体育館では、「かべ打ち君」という壁打ち用のボードを利用しよう！

ラケットをしっかり振ってシャトルを壁にぶつける

慣れてきたら緩急をつけて速い球にも合わせていこう

椅子からスマッシュ

【狙い】

スマッシュの上半身の動きを意識する練習です。ひざを使わないことで上半身の力でスマッシュを打ちます。

【やり方】

ネットに正対してパイプ椅子などに腰かけます。ネット越しからシャトルを投げてもらい、上半身を使って腕を振っていきます。20本連続が目安。

【ポイント】

下半身が使えない中でどうやって上半身を動かすか、ラケットを振っていくかを意識しながら行いましょう。

ケガをしていて足を動かせない人はショットの感覚を忘れないためにもこの練習がおすすめ！

ひじをしっかり上げて目線の斜め上でシャトルをとらえる

上半身の動きを意識してラケットを振っていく

手で投げたシャトルに対応

【狙い】

ショットのコントロールを身に付ける練習。初心者やジュニアは緩い球を打つほうが難易度が低いため、最初は手でシャトルを投げていきましょう。

【やり方】

シャトルを投げる人はネット越しに立ちます。シャトルを上からまたは下から投げて軌道に変化をつけましょう。

【ポイント】

シャトルのスピード、シャトルを投げられた位置、距離などを頭に入れて打ち返しましょう。緩い球こそ、確実に返球します。

ネット越しに上から投げる

ネット越しに下から投げる

ラケットからのシャトルに対応

【狙い】

緩い球を確実にコントロールできるようになってきたら、実際ラケットから打たれた球にプッシュで対応していきます。

【やり方】

相手方はコート右、左、中央とそれぞれ立ち位置を変えます。各位置で連続 30 本ほど行います。

【ポイント】

1 本 1 本、実際の試合をイメージしながら、ショットの精度を高めていくことが重要です。

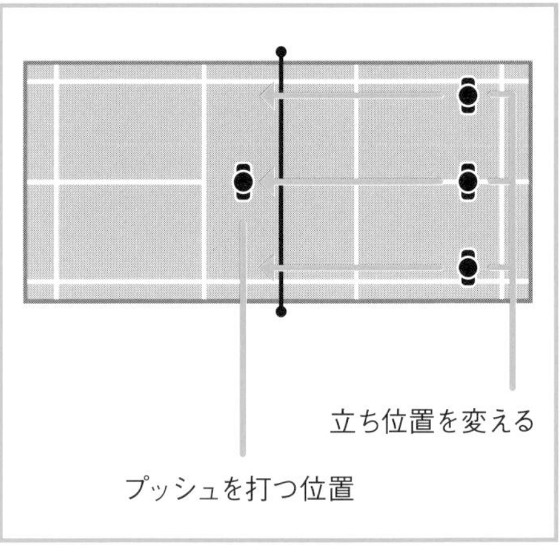

相手コートから、下からラケットを振ってネット越しに打つ

ネット際に立ち、プッシュの動作を繰り返す

逆手を使って打つ

【狙い】

普段何気なくやっているプレーも、利き手と反対の手でラケットを握って打つことで、体の使い方を意識することができます。

【やり方】

利き手の反対の手でラケットを持ちます。攻守すべてのショットに挑戦。ひじの使い方、腕の振る方向を意識しながら振っていきます。

【ポイント】

初めは体のバランスを崩しがちですが、スムーズにラケットを振れるように練習しましょう。

バックハンドのレシーブ

クリア

2対2の攻め守り

【狙い】

どちらかが攻め、もう一方が守りに徹します。実際の試合ではない場面ですが、時間を設定することで精神的な強さを身に付ける練習です。

【やり方】

時間は10分間。攻撃側はスマッシュ、ドライブ、カットなどでひたすら攻め、守備側ははロングおよびショートのドライブレシーブで守ります。

【ポイント】

時間内で体勢がいい状態をつくり、いかに効果的な攻撃ができるか。守備側においても甘い球がきたらそれを見逃さず攻めても OK。

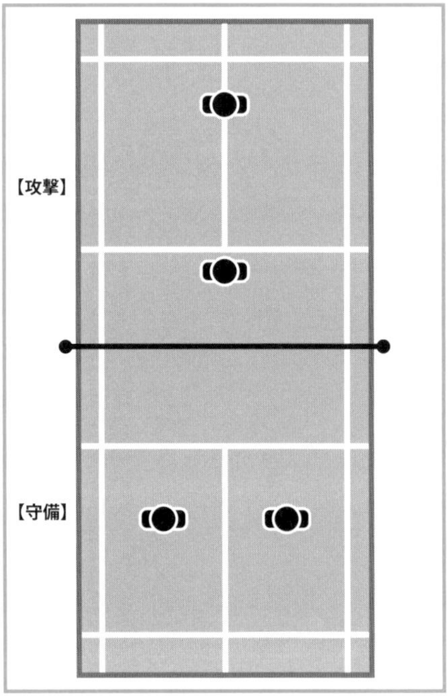

2対1のレシーブ

【狙い】

1人で守り、相手の攻め手が増える中で、レシーブ力を強化するレシーブ練習。

【やり方】

レシーブを強化する側は1人、コート半面を使います。2人入るコートは全面使います。レシーブする側はクリアやカットに対応して正確なレシーブを意識しましょう。

【ポイント】

息つく時間もなく相手が攻めてくる中でも、コート半面でしっかり足を動かして有効なレシーブを返せるように意識しましょう。

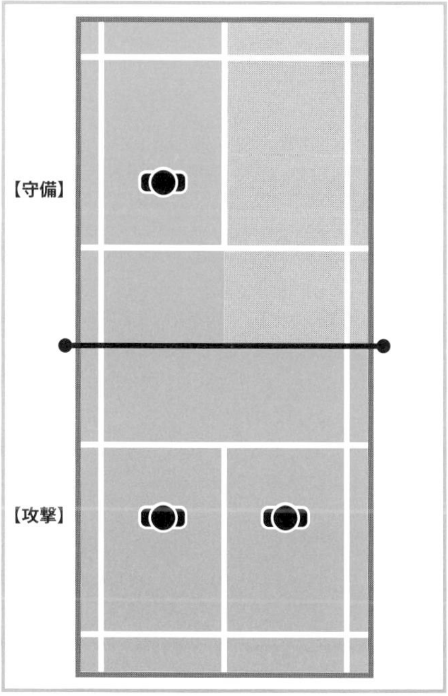

3対2のレシーブ

【狙い】

相手の人数が多いため、ラリーの展開が速くなります。そんな中でもいかに準備して対応できるか、意識することがこの練習の狙いです。

【やり方】

人数が多い方は攻撃を仕掛けていきます。人数が少ない方は、通常よりも速い展開でも慌てずレシーブで対応していきます。

【ポイント】

速いテンポの中でもどこにレシーブを返すか考えて対応しましょう。相手の空いているスペースを瞬時に探して判断できるかがポイント。相手にとって簡単なレシーブだけではなく、ネット際も狙っていきます。レシーブから縦の形を作れるように心がけましょう。慣れてきたら4対2で負荷を強めていきます。

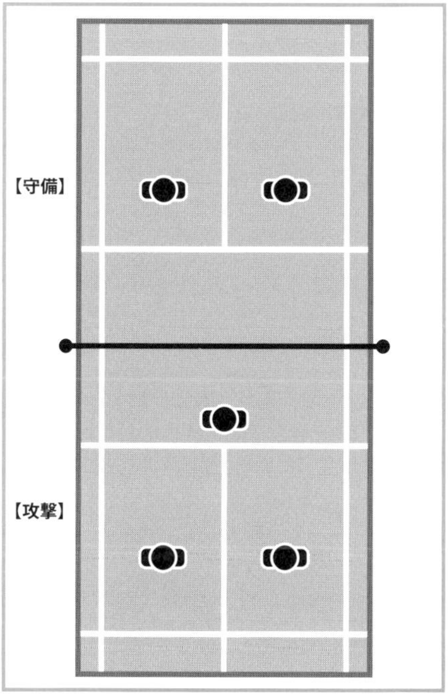

高い技術力や優れた戦術のベースとなるのは、
激しい動きの中でも体のバランスを崩さずに維持することです。
ここでは、場所を選ばずに実践できる
体の軸を作る体幹トレーニングのメニューを紹介していきます。

体幹トレーニング

第7章

Physical Training

体づくりと体幹トレーニング

シャトルを追える下半身の力がもっとも重要

バドミントンという競技は、コートを走り抜く走力、持久力、球に反応する瞬発力、球に飛びつくジャンプ力、ラケットを振り抜く腕力など、さまざまな力が求められます。

その中でも、もっとも大切なのは下半身の力。ラリーが続くと体力を消耗し、手だけでラケットを振りがち。それだと球は安定せず、ミスにつながってしまいます。また、競技者の中でももっとも多いケガは、ひざ痛や捻挫。そのことを踏まえて、ラリーが続いてもしっかり足で球を追える筋力、関節の柔軟性を備えておかなければいけません。

それらを踏まえ、長時間のラリーに対応できるスタミナはもちろん、激しい動きの中でどうやって体をうまく使うか、が鍵を握ります。ラリー中は相手のコートを見ながらコートを縦横無尽に動いていくため、上体のバランスを整え、視野を広く確保することも必要になってきます。

体幹トレーニングで柔軟性やバランスを身に付ける

基本的に持久力はランニングで身に付けます。シャトルランなどの短距離、中距離のインターバル走など、強靭な足腰をつくるため積極的に取り組みましょう。とくにひざの負担を軽減するには、お尻や太ももなど体の中で一番大きな筋肉を鍛えることがポイント（右ページ①②③⑥）。球を追って足を踏み込む際、太ももやお尻全体で体を支える意識を持ちましょう。

柔軟性やバランス力をつけるためには、体の中心となる体幹部を鍛えていきます（右ページ④⑤）。体幹トレーニングと一言でいっても、静的なものから動的なものまであります。静的なものは耐性とともに筋力アップ、動的なものは関節の柔軟性を意識します。目的をしっかり把握していろいろな種目の腹筋、背筋のトレーニングを行いましょう。

バドミントンに必要な筋力

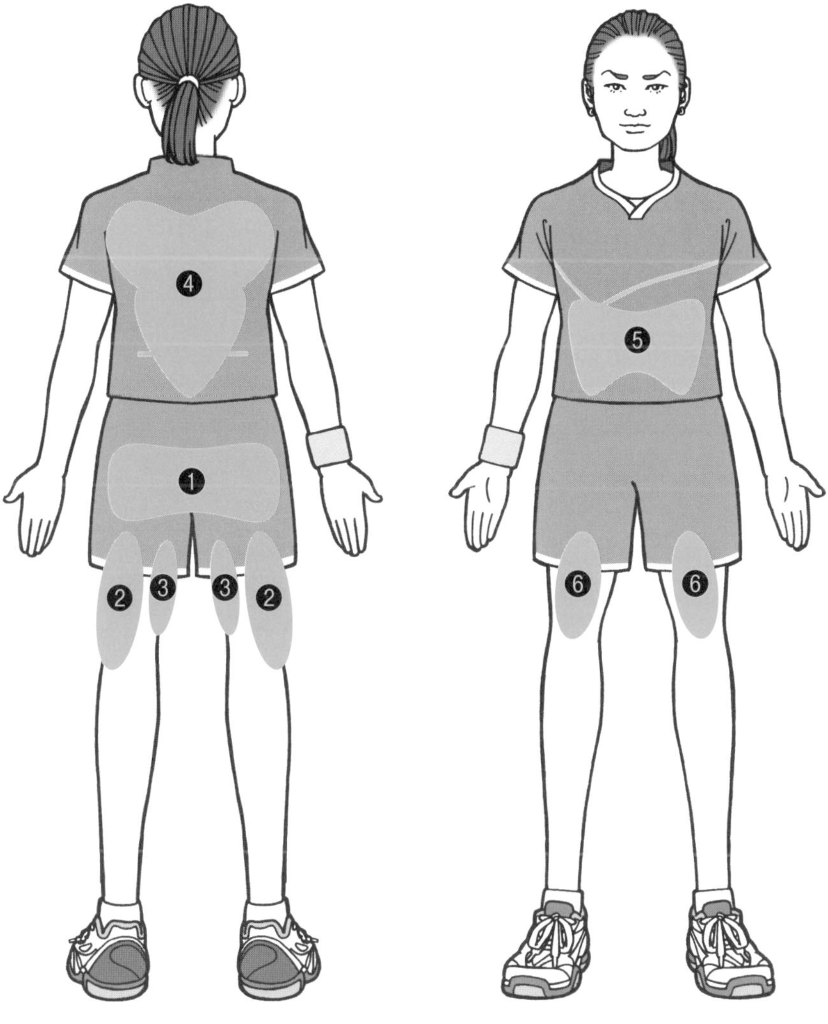

❶臀部　❷太腿の後ろ　❸内転筋　❹背筋　❺腹筋　❻太腿の前

その場ステップ【前後】

【狙い】

体幹の軸をつくるためのトレーニング。その場で足をそろえて前後に動かし、ブレのない動作を意識します。

【やり方】

足をそろえて立ち、ステップの幅を統一するためにコートのラインを利用しましょう。着地の位置を定めたら、前後へステップ。10 秒間連続で行い、次の 10 秒間はステップの幅を狭めて速く行います。

【ポイント】

足のステップの幅は一定の距離だけではなく、その場で小刻みに行うなど、変化をつけていきましょう。

足をそろえた状態でスタート準備

前のラインをめがけて前方へ

同じ姿勢を保ち、後ろのラインへ

体はまっすぐのままをキープ

再び前方へ。バランスを調整しながら繰り返す

その場ステップ【開脚】

【狙い】

開脚をしっかり意識して行うステップ。体をまっすぐ足を開いても全身がぶれないように注意します。

【やり方】

開脚をキープするためにコートのラインを利用します。中央に立ち、ラインよりも外側に足が出るように開脚。10 秒間連続で行い、次の 10 秒間はステップの幅を狭めて速く行います。

【ポイント】

足のステップの幅はラインの外、ラインの中など一定の距離だけではなく、変化をつけていきましょう。

ラインの間に立ちスタート準備

上体をまっすぐのまま、足を開く

元の場所へ足を閉じる

左右の足が同じ位置にくるように注意して繰り返す

その場ステップ【片足前後】

【狙い】

股関節を多方向に動かすためのステップ。コート後方の球に対応するときの動作と同じ。重心を意識しながら、リズムよく足を動かしていきます。

【やり方】

一定の場所に立ち、片足を出したら元の場所に戻し、右足、左足、それぞれ前後に出します。10秒間連続で行い、次の10秒間はステップの幅を狭めて速く行います。

【ポイント】

とにかく足を速く動かせるように初動を意識。そのとき、上体のバランスが崩れないように注意しましょう。

右足を前に出す

左足をそろえる

右足を後ろに下げる

左足を右足にそろえたら右足をまた前へ

股関節（内旋・外旋）まわし

【狙い】

太ももを内旋、外旋することで（写真は内旋）、股関節の柔軟性を高めながらバランスをとり体幹を鍛えるステップのトレーニングです。

【やり方】

片足ずつ太ももを体の真横に上げて内旋する場合は内側へ、外旋する場合は正面に上げて外側にまわします。その場で小刻みにリズムをとりながら、片足ずつまわします。10秒間は大きく股関節をまわし、その次の10秒間は小さくまわしていきます。

【ポイント】

片足で立つときは、全身をまっすぐ立たせることを意識。少しでもぶれないように動きを続けられるかがポイントです。

片足で立ち、左足の太ももを横に上げる

左足の太ももを体の正面へ持ってきて下ろす

逆サイドの足を横に上げる

右足の太ももを体の正面に持ってくる

バランスを整え、同じ動作を繰り返す

前後を意識するランジ

【狙い】

太ももを前後に大きく開いて行うランジトレーニングを活用したステップ。交互にランジの体勢を作っていきます。

【やり方】

一定の場所に立ち、前後に足を広げて戻した後、小刻みにステップ。そこから反対の足を広げていきます。10 秒間は足幅を大きく、その次の10秒間では足幅を狭めて速く行います。

【ポイント】

前に出した足のひざが垂直になるように上体を落とします。バランスが崩れないように注意。

ラインの間、中央に立つ

足をラインより外側にくるようの開脚

足を閉じ、元の場所へ戻す

その場で小刻みにステップを踏む

再び足をラインの外へ開脚

左右を意識するランジ

【狙い】

前後ではなく、左右方向に足を出していくランジ。股関節を多方向へ動かし、柔軟性をつけていきましょう。

【やり方】

体を正面に向けます。足を開くときは 45 度の方向を目安とします。左右の足を出した後その場でつま先ステップ。ランジに戻ります。10 秒間は足幅を大きく、その次の10 秒間では足幅を狭めて速く行います。

【ポイント】

開いた足を閉じて体を正面に向けるとき、正面から足を左右に出すときの動きの切り替えしを意識。バランスが崩れないように行います。

体は足を出す方向に向け、左右に足を開脚

足を戻した時、体は正面を向く

反対の足を開脚。
ラインを踏まないように注意

その場でつま先を左右に振って
小刻みにステップ

再び左右方向へランジを行う

側筋で体を支える

【狙い】

体幹を支える腹筋のトレーニングは欠かせません。静的なものから動的なもの、あらゆる腹筋のトレーニングを取り入れていきましょう。

【やり方】

外側の足と床側の手で体を支え、内側の足を浮かせて外側の手をまっすぐ上に伸ばします。この体勢を維持するだけでも十分な効果はありますが、ここから内側の足を体に引き寄せます。1 セット 20 回が目安。

【ポイント】

上げた手をしっかり伸ばしながら、腹筋を意識。上体のバランスを整えることが大切です。

① 外側の足と床側の手で体を支える

② 浮かせた太ももを体に引き寄せる

③ 再び太ももを体から離す

④ ひざを外側に押し上げるように離す

V 字腹筋

【狙い】

V 字腹筋は、数をこなせばかなりの負荷がかかるトレーニング。手足をしっかり上げて力を出し切って取り組みましょう。

【やり方】

片方の手を上げて、床に仰向けに寝ます。スタートと同時に上げた手と対角線上にある足をお腹の上まで上げてタッチ。下ろして反対の手と足をタッチさせて最後に両手両足をタッチさせます。1 セット 10 回が目安。

【ポイント】

体が V 字になるように下半身を上げて上体を起こしましょう。1 セットの数とセット数は筋力の状態で調整してください。

① 片方の腕を上げて床に寝る

② 対角線上の足を上げて
つま先をタッチして下ろす

③ 下ろした後、反対側の手足もタッチ

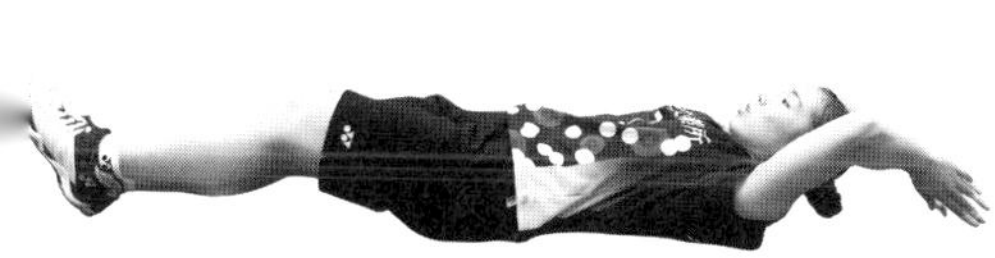

④ タッチした後、手足を下ろす

⑤ 両手足を一斉に上げてタッチする

重りつき腹筋

【狙い】

重りを持って負荷をかけながら行う腹筋のトレーニング。腕の軌道はラケットの振りと同じです。その動作を意識しながら腹筋に負荷をかけていきましょう。

【やり方】

2 ～4 kgくらいの重りを両手で持ち、少しひざを立てて仰向けになります。手をしっかり伸ばしながら上体を起こします。スタート位置から対角線へ重りを運び、同じスピードでリターンします。

【ポイント】

重さを感じながらゆっくり 10 回、動きを速くして 10 回行います。数を重ねてきつくなってきても体がぶれないように同じスピードを保ちましょう。

①軽くひざを曲げて両手で重りを持つ

④重りが床につくところまで運ぶ

⑤元の場所へゆっくり重りを戻し始める

② 手を伸ばしたまま起き上がり、
重りを顔の正面に持ってくる

③ 対角線上、つま先方向へ重りを運ぶ
体の正面にきてもスピードを変えない

⑥ 高い位置を
キープしながらゆっくり戻す

厳しい練習を乗り越えた後は、持っている力を試合で発揮するだけ。
皆さんはそのために日々がんばっているのだと思います。
この章では「ゲームメーカー・藤井」「ポイントゲッター・垣岩」、
それぞれの立場による思考とメンタルを紹介します。

メンタル調整方法

第8章

Mental

Game Maker

「ゲームメーカーという立場」
藤井瑞希のメンタル調整方法

シングルスでは
自分の調子がよければ負けない。
ダブルスのやり始めは大変で、
メンタルもかなり鍛えられました

緊張するのは当たり前

「どうやったら緊張を和らげることができますか?」

バドミントンを通して子どもたちとふれ合っていると、こんな質問を受けることがあります。始めたばかりの小中学生から社会人まで、競技レベルは異なっても抱える悩みは同じなのでしょう。どれだけ高い技術を持っていても、コートに入るときは誰でも緊張するようです。確かに、スポーツに限らず、何

Mizuki
Fujii

をするにも緊張と向き合うことは一つの壁なのかもしれません。

では、なぜ人は緊張するのでしょうか。その理由は、それまで経験したことがないから。初めての試合、初めての体育館、初めての対戦相手、初めてのタイトル――、人が初めて体験することには必ず緊張が付きまとうものです。

それから、もう一つ。緊張する人は、練習が足りていないと言えます。それまでにやってきた練習の成果を出せばいいのに、「もっとこうしておけばよかった」「あの練習もしておけばよかった」と不安になる。そうしたほんの小さな動揺が、やがて大きな緊張へと変わっていくのです。

心に余裕を持たせるためには、まずは緊張している自分を認めることです。「緊張するのは当たり前」と自分に言い聞かせるくらいでいいでしょう。

■藤井流　緊張の解き方

そうは言っても、すぐに緊張が解けるわけではありません。では、どうやって緊張と向き合えばいいのか。私がやっていたのはこんな方法です。

まず日頃からどういう状況の時にどんな感情になるかを、もう1人の自分で客観的に観察しておきます。もし、怒っていたら、もう1人の自分が「あ、怒っている」と言えるか。もし、泣いていたら、「何で悲しかったの?」と思えるか。それができるようになると、緊張している自分を鏡で見て、「あっ、今日はいつもより表情が固いな」と思えるようになります。

そこで口角を上げて「ふー」と息を吐いたり、怒っている自分の顔を見て笑ったりできる。つまり、自分の感情をコントロールできるようになるのです。

この方法で、私はバドミントンの試合で緊

張することはあまりなく、試合が始まっても同じ。例えば、自分たちが感情的になることで、逆に燃えてくる相手がいるとします。そんなときはあえて冷めた態度を取る。得点を決めても派手なガッツポーズを控え、ポーカーフェイスですぐに次のプレーに移ります。

逆に「この選手は少し気遅れしているな」と思ったら、感情をむき出しにして戦った方がいいかもしれません。恥ずかしくても、それが作戦だと割り切って無理に怒りの感情を出すこともあります。

ルーティンを作る人も多いようです。でも、私にはありませんでした。なぜなら、忘れてしまったり、できない瞬間が必ずくるから。その時に不安になりたくないのです。

ただし、おまじないとして一つルーティンを作っておくことは有効かもしれません。私はひざをケガしてから、試合が始まる前にコートにタッチするようにしていました。

「お願いね」

そういう思いを込めてタッチしてからコートに立つようにしていたのです。

相手を変えるのではなく自分を変える

フジカキの特徴は、何と言ってもたくさん話をすることです。試合中にうまくいかないことがあると、「どうしてそれができないの?」と聞いて、意識を上げる確認作業をしていました。

もちろん、パートナーにイライラすることもありました。だけど、そこで感情を言葉に出しすぎると、かえって自分のことが嫌になってくるんです。

そこで、相手が変わるのを待つのではなく、自分を変えることに重点を置くようになりま

どういう状況の時にどんな感情になるか、客観的にもう一人の自分を観察する

した。相手のことを、「そういう人」だと思って接する。すると、ラクになります。この方法は、とても成果がありました。

「それ、いいね。そこは令佳の持ち味だから、そこのスキルをもっと上げようよ。できないところは私がカバーするから」

そういう言い方ができるようになったのは、ロンドンオリンピックの２年くらい前です。「できないことはしょうがない。できるところを100パーセントにしてもらおう」。そう思ったら気持ちに余裕が生まれ、ラクにプレーできるようになりました。

■負けたくないから　自分で決めて考える

現役の頃は、周囲の人から「ポジティブ」だねと言われていました。確かに、バドミントンの試合でネガティブなことを考えると、めちゃくちゃ点数が動きます。流れのスポーツなので、主導権が大きく入れ替わることもある。だからこそ、審判に「ゲームセット」と言われるまで、ポジティブに考えることが大事なのです。

バドミントンは、試合の流れを読めなければいけません。スキルが高ければ高いほど、日頃から空気を読む能力は鋭いものです。

私は５歳でバドミントンを始め、小学１年の時に小学３年の部で優勝しました。そこから出場した大会で１回戦負けしたことはなかったと思います。その頃から、どうやって勝てるかを常に考えていたのです。

大きなきっかけは小学４年の時。出場した九州大会で出会った同い年のライバルが、身長160センチもあったのです。それ以来、小さい体で、大きい相手に勝つにはどうすればいいかを考えるようになりました。空気を読むとか、相手を観察する能力はその頃から長けていたように思います。

もちろん負ける怖さは常にありました。むしろ負ける怖さしかなかった。だから努力するしかありません。中学１年の時、それまで通っていたジュニアチームがなくなりました。もちろん、バドミントンをやめるという選択肢もありました。自由です。練習だってしなくていい。だけど、当時、すでに全国大会で1位や2位になっていたので、もうそこから逃げることはできませんでした。

そして、1週間のメニューを自分で組み立てるようになったのです。例えば、月曜日は1人で走る。火曜日は地域の大人と一緒に練習する。水曜日は縄跳びをするなど、そういうことを自分で考えて決めていました。

心が爆発したこともあります。ランニングをしている時でした。伴走してくれている母に向かって、「何で私だけこんな苦しい思いをしなきゃいけないんだよ。バドミントンが強い私立の学校に行かせてよ」って泣いて訴えたことがあります。勝ちたいけど、練習できる場所がない。妥協はできるけど、負けたくない。自分で自分を鼓舞してやらなければいけない。母も泣きながら「ごめんね」と言っていたことを覚えています。

結果的に、家族会議で「バドミントン漬けの生活を送っても楽しくない。負けてもいいから地元にいたほうがいい」という結論に至りました。友達との時間を大切にしなさいと言われて、ようやくプレッシャーから解放

できないことは
しょうがない。
できるところを
100パーセントに

されたことを覚えています。

■ 100パーセント出し切るダブルスの精神力

ダブルスはパートナーありきです。だから、フジカキとしてはいつも不安がありました。自分は100パーセントの力を出せる自信があったけど、パートナーが何パーセントを出してくれるかわからなかったからです。

今日の令佳は何パーセントだろうか。10パーセントだったらどうしよう。100パーセントを出せたら強いのに、怒る内容がいつも「何で持っている力を出せないの?」というものばかり。

だから、やり始めはダブルスが大変でしたね。ストレスの塊でした。シングルスでは自分の調子はいいと負けることがそれまでなかったから。自分の頭の中には作戦があってそれを実行できるのに、ダブルスの場合はそれに対応できるパートナーがいなければいけない。メンタルもかなり鍛えられたと思います。

練習してきたことを 試合ですべて出すために

格下のチームが格上のチームに勝つ要因は様々です。チームの圧力、応援席からの熱……。逆に言うと、格上のチームが格下のチームに負ける要因はメンタルです。

例えば、格上のチームの方が、下のチームよりも大きなタンク(実力)を持っています。だけど、実力のうちの半分しか出せなかったとします。一方、下のチームは上のチームよりもタンクは小さいけれど100パーセント出し切りました。その量は、上のチームの量よりも超えていました。

勝つのはどちらか。答えは明白です。

試合で勝つために大事なのは、持っている実力を100パーセント出し切ること。勝つか負けるかではなく、それに集中することが何よりも大事です。

それに、力を出し切れないと、反省点がどうしてもメンタルに及んでしまいます。すると、強化するにはメンタルトレーナーとトレーニングをするしかありません。技術面を成長させるには、ずっと練習してきたことを出せないと難しい。常に力を出せる土台があって、はじめて技術の向上があると思っています。

後輩にはいつもこんなことを言います。

「持っている力とそれまで練習してきたことを試合で出して、その中で反省点を見つけなさい。そうしないと、メンタルの部分ばかりコーチから叱られてそれで終わりだよ」

試合だからどうしても勝ち負けはあります。だけど、自分の力を100パーセント出して、それでも負けたならしょうがない。そういう気持ちが大事だと思います。

持っている実力を100パーセント出し切ること。勝ち負けではなく、そこに集中する

Point Getter

「ポイントゲッターという立場」垣岩令佳のメンタル調整方法

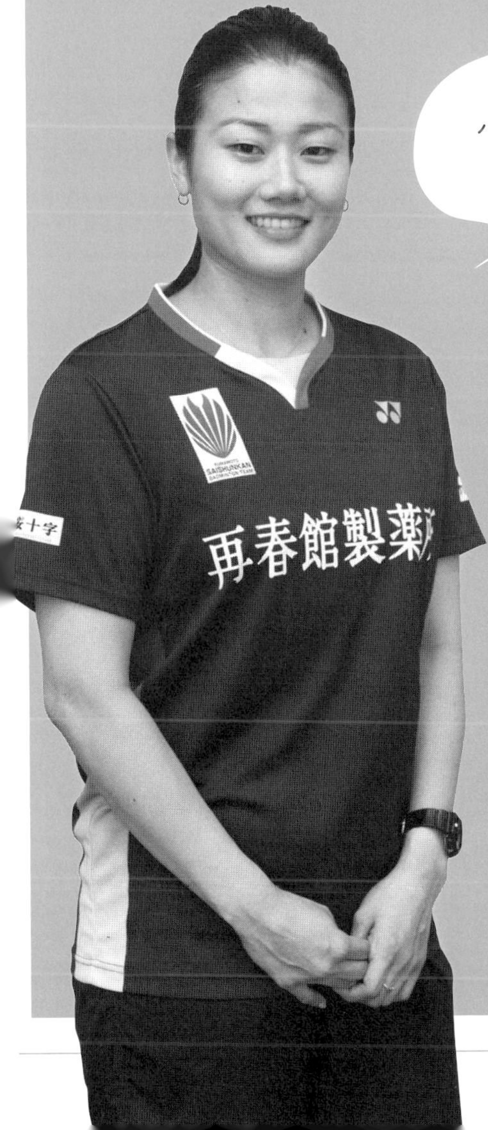

一番近い存在である
パートナーを褒められないのなら、
ダブルスをやっていても
絶対に勝てません

緊張している自分を隠さない

私は緊張するタイプなので、コーチが現役中にしていたことなどを聞き、いろいろ試しました。そこで自分に合ったのがこのやり方でした。

対戦相手と握手をする前にコートサイドに行き、タオルで顔を覆ってぐしゃぐしゃっとするのです。口を開けて「イー」とやりながら顔をほぐすこともあります。そして、コー

Reika Kakiiwa

トに入って二の腕をつねる。痛みを出して、「よし!」とスイッチを入れます。

もちろん、それをしたからと言って完全に緊張が解けるわけではありません。だけど、自分にとってはそれが合っていると思いました。ロンドンオリンピックの前からずっとやっています。

パートナーの藤井先輩から言われたのは、「自分を隠さなくてもいい」ということでした。緊張しているなら、それを口に出した方がラクになる。そこで、ある試合の前に「先輩、今日ちょっと緊張しています」と言ったんです。そうしたら、「大丈夫。いつものことでしょ」と返事が返ってきた。いつもの会話になって緊張が解けました。

■勝負の舞台となったロンドンオリンピック

ロンドンオリンピックの時は、たくさん回っている普段のツアーの一つだと思うように努めていました。違うのは、会場にオリンピックのマークがついているだけ。やることは変わらない。しかも、日本からたくさんのチームメートが応援にきてくれて、まるでホームのような雰囲気を作ってくれていた。その応援に助けられたし、ありがたかったことを覚えています。

オリンピック1年前に開催された世界選手権と同じ会場だったことも、落ち着いて試合に入れた要因の一つです。選手村から会場までの距離が遠く、ホテルで生活していたことも私たちにとっては幸運でした。特別なことをすると気持ちも舞い上がります。ですが、いつもと同じように過ごしていたから、持っている力を100パーセント出すことができた。オリンピックをそれほど意識することもなく、平常心で試合に臨むことができました。

「自分を隠さなくてもいい」。藤井先輩の言葉で緊張が解けた

オリンピックでもいつもと同じように。平常心で試合に臨むことができた

■パートナーとの関係づくり

ペアを長続きさせる秘訣を聞かれることがありますが、私の場合、基本的に藤井先輩が導いてくれていました。もともと高校の先輩と後輩だったこともあり、先輩に言われたら何でも「ハイ」という感じ。ところがある日、「令佳の気持ちがわからない」と言われたことがあります。ずっとペアを組んできたから、「何か言いたいことがあるんでしょう」というのが表情でわかるんですね。

確かに私自身、「こんなことを言ったら、言い訳と思われちゃうかな」と勝手に思い、自分で答えを出して口を閉ざしてしまったことがあります。だけど、それだとお互いの関係性は深まりません。藤井先輩からも「何でもいいから言って」と何度も諭されました。

その頃からです。ダブルスだからといっても先輩ばかりに頼っていたらダメ。先輩の熱量に対して私が何も言わないのもダメ。そう思うようになりました。

「別に負けてもいい。どうせ負けるなら、楽しく試合がしたい」

先輩がこう言ってくれたことも覚えています。その言葉が自分の中にストンと落ちました。「そういうことか」と。ちょうどロンドンオリンピックの1年くらい前です。とても悔しい負け方をした後だったけど、あの時の藤井先輩の言葉はすごくありがたかったです。

■相手を認めるコミュニケーション

試合になれば、基本的に藤井先輩がリードしてくれます。「後衛に行ったら、令佳の好きなようにしていいよ」といつも言ってくれました。

先輩はビデオを見なくても、会場でパッと見るだけですぐに相手の癖を見つけ出すことができるんです。逆に私は、対戦相手がプレーしているビデオを見て、こういうところが苦手みたいだなと書き出していく。それを先輩に伝えて、「それで行こうか」というパターンが多かったですね。

試合中もコミュニケーションをよく取っていました。「もっとバックを狙っていきますね」「先輩、ここを張ってもらえますか」「私、このタイミングで出ます」「今のはもうちょっと前に出た方がいいですね」。私からもこういうことを言って意思表示をしていました。

そもそもバドミントンは、性格がすごく表に出るスポーツです。プレーを見ていたら、その人の性格がよくわかる。ダブルスだったら、性格が優しい方が引いてしまうこともあるでしょう。一方で、2人とも強い性格でもペアを継続していくのは難しい。そうした要素も、ペアを組む上では大事な部分になってきます。

何よりも、大事なのは2人のコミュニケー

いいペアになるためには、相手を「認める」という心が大切

ションです。そして、パートナーを「認める」という気持ち。

もしも、パートナーに対して「あいつばっかり」といった嫉妬心があるなら、シングルスでプレーした方がいいでしょう。一番近い存在であるパートナーでさえ褒められないのなら、ダブルスをやっていても絶対に勝てません。だからこそ、一緒にがんばっていこうと決めたら、コミュニケーションが大事なのです。

試合中のミスはお互い様。ましてや、２人ともいいときというのはほとんどありません。実際、私たちがそうでした。だから先輩にフォローしてもらったときは「今のラリー、助かりました。ありがとうございます」とその都度、言うようにしていたものです。

ミスをしない人なんていません。そこで頑固になっても、結局は大きなチャンスを逃してしまう。いいペアになるためにも、相手を「認める」という心を大切にしてください。

最後の章では、バドミントン競技で使用するコートや用具の規定、
競技方法、知っておきたい用語やルールについてまとめました。
競技の基本的な情報はここを読んでおさえておきましょう。

ルール

第9章

Rule

コートと用具

コート

バドミントンコートは縦 13.4 m、横 6.1 m の長方形で、ライン幅は 40mm に設定されています。コートの規定は男女、ミックスダブルスおよび年齢にかかわらず、すべて共通で、ダブルスは外側に引かれたダブルスサイドライン内で行います。シングルは内側に引かれたライン内で行い、ダブルスとシングルスのコート範囲は異なります。ラインの幅は 40mm と決められていて、ラインの色は見分けやすい白や黄色が望ましいとされています。

シングルスとダブルスのエリアの違いは、サービス時、ラリー中ともに異なるので注意が必要。それを踏まえて練習や戦術などの内容も変わってきます。

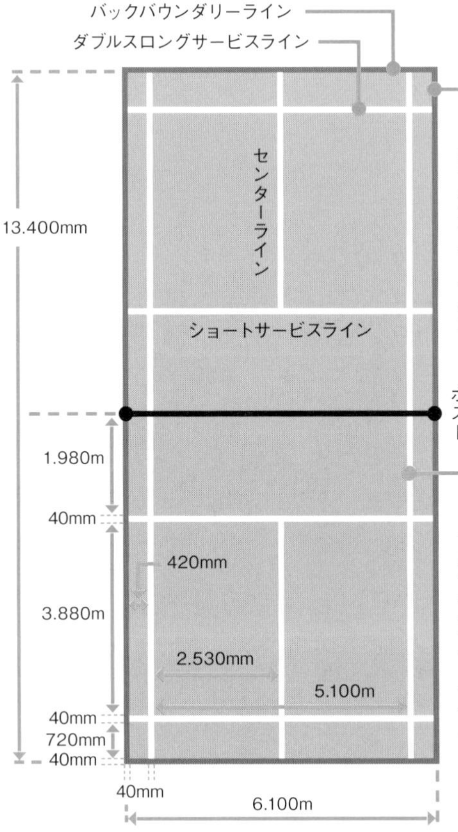

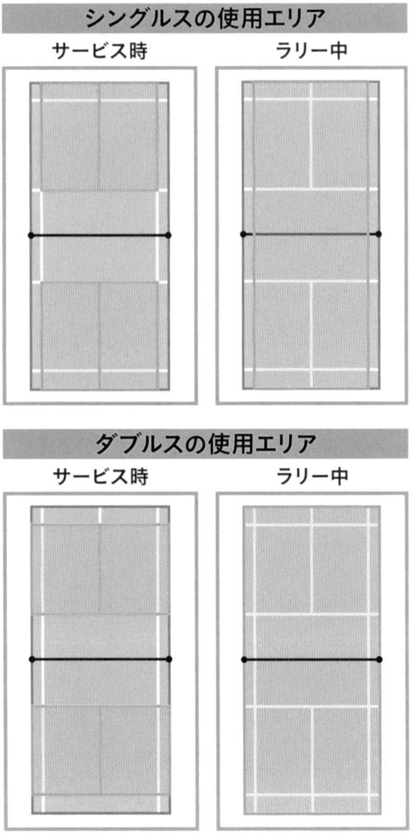

40mm

ネット

ネットの高さは1.55m。規定は男女、ミックスダブルスおよび年齢にかかわらず、すべて共通です。支柱（ポスト）はダブルスサイドライン上にあります。ネットの高さはコート中央部1.524mとポスト部より少し低く設定されています。ネットを張る際は少したるませる意識で作業しましょう。ネットの上部には75mmの白いテープが二つ折りになって着いています。

ネットの網目は15～20mmで作られ、全体の丈が760mm、幅は少なくても6.1mmはあるものを使用します。

プレーヤーがプレー中にラケット、体、着衣がネットまたはポストに触れてしまったときは反則となります。

プレー中にラケットがネットに触れてしまうと反則となる

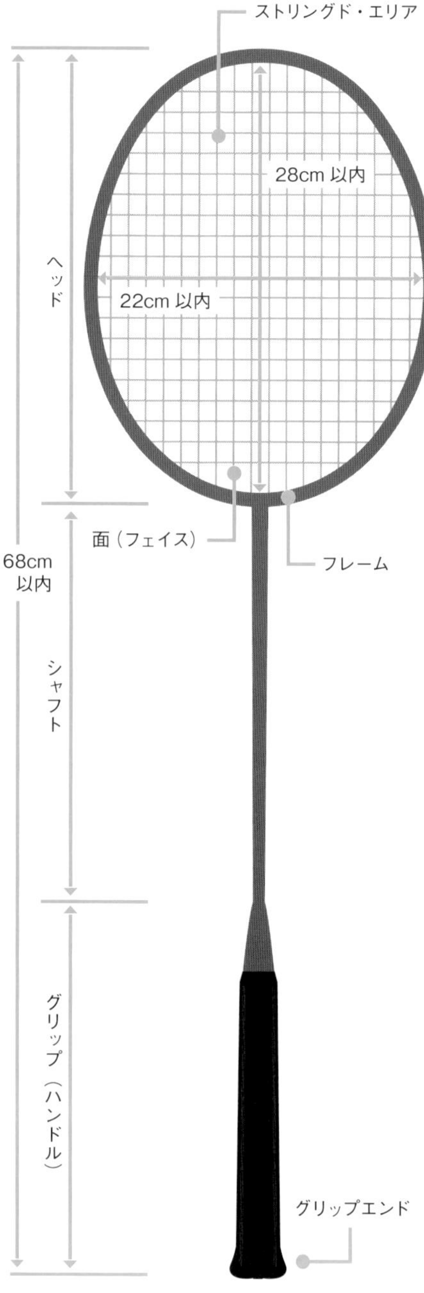

ラケット

ラケットは全長 68cm 以内、ガットを張るストリングドエリアは縦 28cm 以内、横 22cm 以内という規定が定められています。重量についての規定はとくに設けられていません。

ラケットは非常に多くのタイプがあります。まずは、自分の体格や目指すプレースタイルを考えて扱いやすいものを選ぶようにします。またストリングの種類やテンションによっても打つ感覚は変わってくるため、自分のレベルに合った重量や素材のものを選びましょう。

スイートスポット

シャトルを打つときは、「スイートスポット」をいわれるストリングド・エリアの中央でとらえることが基本です。ヘッドの周りはストレグスが強く張ってありますが、中央部分は少しやわらか目。その力を利用して強い球や深い球を打つことができます。

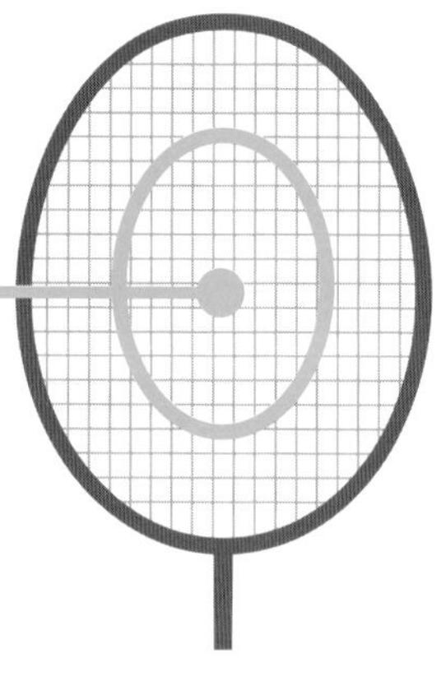

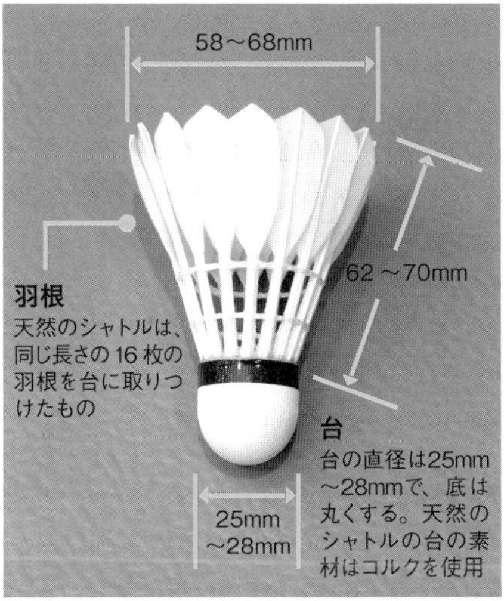

シャトル

シャトルは天然素材のもの、合成素材のもの、両方を組み合わせたもの、いずれかを使用します。天然のシャトルは16枚の水鳥の羽根をコルク台の上に取り付けた構造になっています。羽根の長さは62～72mm、羽根の先端は58～68mmで円形になっています。コルクの直径は25～28mmで底は丸くなっています。羽根の重量は4.74～5.50gと規定があります。羽根は天然素材のため消耗が激しく、プレーヤーのリクエストによってはゲーム中の交換が許されています。

服装

試合においてプレーヤーの服装は、色や柄に決まりはありませんが、品位を損なうような服装、対戦相手に不快感を与えるようなデザインは認められません。競技の品位を保つために日本バドミントン協会の審査合格品を着用することになっています。

ワンピースの前面、ショートパンツ、スカートにスポンサーロゴ、チーム名、プレーヤー名、背番号など表示することができます。文字のサイズやロゴの数なども規定に沿って審査されます。ソックスについてはとくに規定はありません。

シューズにおいても審査合格品を使用します。床を傷つけにくく、ケガをしにくいシューズが好ましいとされます。

試合の流れ

勝敗の決め方

試合は1ゲーム21点2セット先取3ゲームマッチで行います。ラリーに勝ったサイド（相手のサイドにシャトルが落ちたり、相手のサイドがフォルトしたりした場合）が得点となります。21点を先取したサイドがそのゲームの勝者となります。

20対20で得点が並んだ場合は、先に2点差をつけたサイドがそのゲームの勝者となりますが、2点差がつかない場合は30点目を得点したサイドがそのマッチの勝者となります。両サイドが1ゲームずつ勝利して並んだ場合は、第3ゲームで勝敗を決めます。

第1ゲーム

どちらかが11点に到達 ⬇

1分以内のインターバル ⬇

① どちらかが21点先取
② どちらかが20対20に2点リード
③ 29対29の後、どちらかが30点目に到達

⬇ **2分以内のインターバルとエンドの交替**

第2ゲーム

どちらかが11点に到達 ⬇

1分以内のインターバル ⬇

① どちらかが21点先取
② どちらかが20対20に2点リード
③ 29対29の後、どちらかが30点目に到達

⬇ **どちらかのサイドが2ゲーム連続で勝利した場合は「試合終了」**
お互い1ゲームずつ勝利した場合は2分以内インターバルとエンドの交替

第3ゲーム

どちらかが11点に到達 ⬇

1分以内のインターバルとエンドの交替 ⬇

① どちらかが21点先取
② どちらかが20対20に2点リード
③ 29対29の後、どちらかが30点目に到達

審判員

バドミントンの審判員は、主審、サービスジャッジ、線審によって構成されます。人数は主審1人、サービスジャッジ1人、線審10人で構成され最大12人。しかし、状況によっては6人、4人など少ない人数で構成することも認められています。

【主審】
ポストそばから試合、コートなど管理します。競技祖規則に従って進行し「フォルト」または「レット」が起きたときにコールします。線審が明らかにジャッジを間違ったと確信した場合、線審の判定を変更することができます。

【サービスジャッジ】
サーバーによってサービスフォルトがなされたとき、コールする審判員

【線審】
自分がジャッジを担当するラインについて、シャトルが「イン」か「アウト」か判定する審判員

試合前のコイントス

試合の開始前にはトスが行われます。トスは主審がどちらのサイドがコインのどちらの面かを決めてからコインを投げ、勝ったサイドが①最初にサービスするかレシーブをするか、②試合開始のときコートのどちらのエンドを選ぶか、という2つの選択肢からどちらかを選びます。

例えば、勝ったサイドが①のサービスを選択した場合は、負けたサイドはどちらのエンドにするのか決めることになります。

トスによってエンドが決まったら、プレーヤーはそれぞれのエンドに移動して決められた時間内で練習を行い、その後主審のコールによって試合が開始されます。

サービス

サービス時には、サーバーもレシーバーも、サービスの開始から終了まで、両足の一部分がサービスを始めてからサービスがなされるまで、その位置でコート面に接していなければなりません。また、シャトル全体がサーバーのラケットで打たれる瞬間に、必ずコート面から1.15m以下でとらえることが決められています。

サービスしたシャトルが、ネットの上に乗ってしまったとき、ネットを越えた後、ネットにひっかかってしまったとき、レシーバーのパートナーによってシャトルが打ち返されたときは、フォルトとなります。

スタート位置は、サービス側の点数が偶数の場合は、コート右側から対角へサービスをします。反対に、サービス側の点数が奇数の場合は、コート左側から打ちます。またサービス側がラリーで勝った場合は、同じサーバーがもう一方のサービスコートに移動してサービスを行います。

サービスサイドのスコアが0または偶数のとき

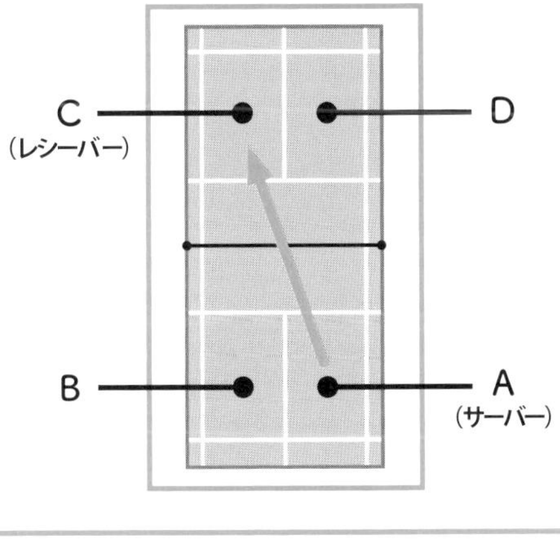

サービスサイドのスコアが奇数のとき

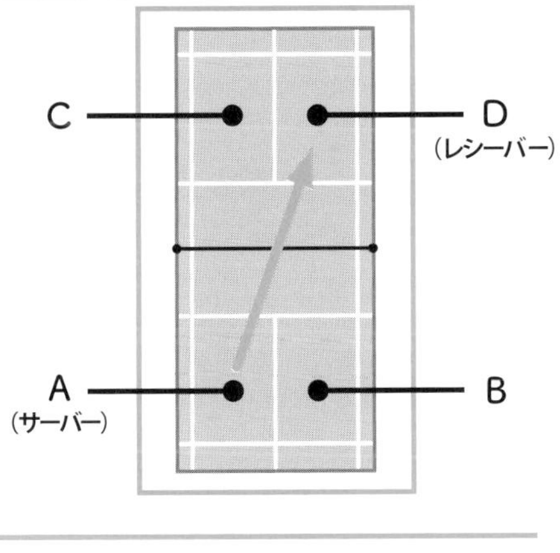

ショットの種類

コート後方で使うショット

スマッシュ（P30）
ハイクリア（P40）
ドリブンクリア（P40）
ドロップ（P36）
カット（P38）

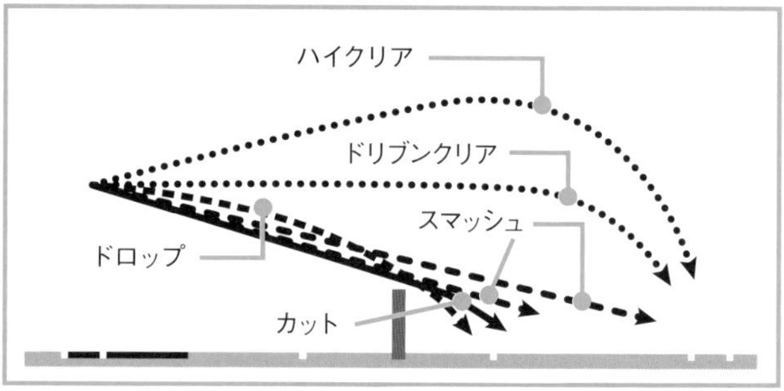

コート前方で使うショット

ロブ（P72・74）
ショートドライブ（P32・34）
ヘアピン（P68・70）
ワイパー（P48）
プッシュ（P44・46）

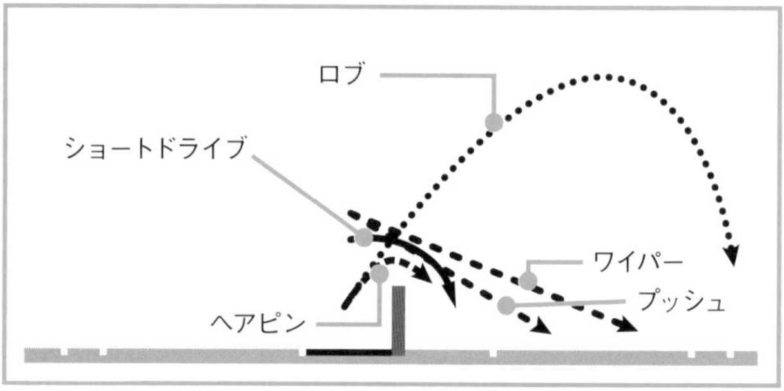

レシーブの種類

ドライブ（P66）
ショート（P62）
ロブ（P72・74）

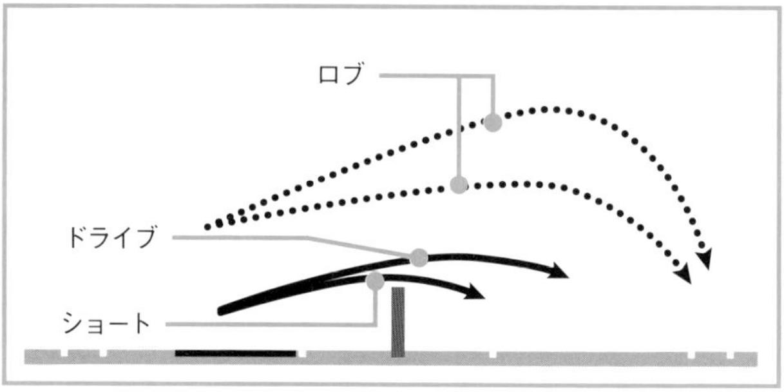

ダブルスでフォルトになる判定

シャトルがアウトになる

サービスおよびラリーにおいて、インプレーのシャトルが次のような状態になったときは、フォルトの判定になります。①コートのラインの外に落ちたとき、②両ポスト間のネットの上を越えなかったとき、③天井または壁にふれたとき。ただし、サービスおよびラリー中のシャトルがネットの上に触れてから相手側コートに落下する場合はフォルトにはなりません。

シャトルが体に触れる

サービスやラリー中、インプレーのシャトルがプレーヤーの体または着衣に触れたとき、フォルトとなります。もしプレーヤーが手や足を使って、シャトルを相手側コート内に返したとしても、フォルトになります。コートの外の物に触れた場合もフォルトです。

1人が続けてシャトルを打つ

サービスやラリー中、インプレーのシャトルを同じプレーヤーが2回連続して打った場合、フォルトとなります。ただし、ラケットヘッドとストリングド・エリアで１回のストローク中に連続して打った場合はフォルトになりません。

ラケットにシャトルを乗せた状態で投げる

サービスやラリー中、シャトルを1回のストロークにおいてラケット上でとらえ、シャトルをラケットに乗せた状態で振り投げられたときは、フォルトになります。ストリングド・エリアでシャトルをしっかりヒットすることが決められています。

ペア内で２人続けてシャトルを打つ

ダブルスにおいてサービスやラリー中、同じペア内でプレーヤーとそのパートナーによって連続してシャトルが打たれたときは、フォルトになります。１人が打ったシャトルがパートナーのラケットに当たったときもフォルトになります。

プレーヤーがネットに触れる

プレー中、プレーヤーがラケット、体、着衣で、ネットまたはそれを支えるポストに触れてしまったときは、フォルトとなります。シャトルを打った後の動作が、ネットやポストに触れた場合もフォルトになります。

ネットを越え相手コートでシャトルを打つ

プレーヤーのラケットや体がネットを越え、少しでも相手のコートを侵したとき、またはネットを越えた位置でシャトルを打ったときはフォルトになります。ただし、シャトルを打った後の動作がネットを越えた場合は、フォルトになりません。

レット

「レット」とは主審がプレーを停止させてプレーをやり直しさせることを言います。レットになると、その前のサービス以後のプレーは無効とし、レットになる直前のサーバーが再びサービスをして試合を再開します。得点が加算されることはありません。

レットとなるケース

① レシーバーの体勢が整う前にサーバーがサービスしたとき
② サービス時にレシーバーとサーバーの両方がフォルトしたとき
③ サービスが打ち返されてシャトルがネットの上に乗ったとき、またはネットを越えた後にネットにひっかかったとき
④ プレー中にシャトルが分解され、完全に分離したとき
⑤ コーチによりプレーが中断させられたり、相対するサイドのプレーヤーが注意をそらされたと主審が判断したとき
⑥ 線審が判断できなかったうえ、さらに主審も判定できないとき
⑦ 試合の最中の不測の事態(照明が消える、災害が起きるなど)や突発的な事故が起きたとき

プレーの中断

プレーヤーはインターバルを除き、試合が終わるまでプレーを継続しなければなりませんが、シャトルやラケットの交換、汗拭き、シューズの紐結びなどは、例外として主審の許可を得れば中断して行うことができます。

不品行な振る舞い

プレーヤーは不品行な振る舞いをしてはいけません。例としてプレーの故意の遅延や中断、シャトルに手を加え破損する、ラケットで施設を叩くなど。また、見苦しい服装でプレー、審判員や観客に対して横柄な振る舞い、下品で無礼な態度、言動をとることなどがあげられます。

警告とフォルトと失格

プレーヤーが故意にプレーを遅延や中断、不品行な振る舞いをした場合、主審から警告を受けます。一度、警告を受けた後、再び違反した場合はフォルトとなり、相手のスコアに1点が加算されます。さらに行為が繰り返された場合は、プレーヤーはフォルトとされた上、失格処分を受けることがあります。

◆監修者紹介

藤井瑞希
MizukiFujii

垣岩令佳
ReikaKakiiwa

藤井は熊本出身、垣岩は滋賀出身。年齢は1歳差の2人は名門・青森山田高で出会う。ともにシングルスプレーヤーだったが、藤井が高校3年、垣岩が1年のとき、初めてダブルスでペアを組み、全国優勝を果たした(2006年)。高校卒業後、ともにNECセミコンダクターズ九州・山口（後のルネサス セミコンダクタ マニュファクチュアリング）に入社し、2人はオリンピックを目指すことを決意(2008年)。2012年のロンドンオリンピックではバドミントンがオリンピック正式種目に採用されて以来、初の決勝進出を果たし銀メダルを獲得した。

2012年以降、ペアを解消。藤井は一度は現役を引退したが、2014年にドイツのブンデスリーガ、2016年にはイギリスリーグに日本人として初めて参戦した。一方、垣岩は2014年世界選手権で前田美順とのダブルスで銅メダルを獲得した。

それぞれの道を歩んでいた2人だが、2017年2月にペアを再結成。再春館製薬所に所属し東京オリンピックを目指して戦ってきたが、フジカキとしては2018年11月に最後の試合を迎え、2019年2月に藤井、垣岩ともに現役引退。藤井は講習会で全国を飛び回り、テレビ解説などでも活躍。垣岩は再春館製薬所バドミントンチームのコーチに就任し日々指導にあたっている。

◆撮影協力チーム紹介

再春館製薬所　バドミントンチーム

福本真恵七
ShienaFukumoto

仲井由希乃
YukinoNakai

小野菜保
NaoOno

チームホームページ
https://www.saishunkan-badminton.jp/
2015年4月に創部。日本代表で活躍するトップ選手たちが多数所属し日本バドミントン界をけん引する女子バトミントンチーム。熊本県上益城郡益城町を拠点とし、強く、愛されるチームを理念に掲げ、バドミントンの強化と普及を目指している。

おわりに

ダブルスにとって最も大切なのは、コミュニケーションです。私たち２人はよく喧嘩もしました。だけど、どんな時でも会話を欠かすことはありませんでした。

そして、目標だったロンドンオリンピックに出場し、銀メダルを獲得することができました。家族をはじめそれまで支えてくれた人たちにも喜んでもらい、幸せなバドミントン人生を送ることができました。

この本を通して、少しでもバドミントンの魅力が伝われば、と思っています。

そして、これからバドミントンを始める人、もっと上手くなりたいと思っている人の一助になれば、それに勝る幸せはありません。

大切なのは、バドミントンを通して何を学ぶか。ぜひ皆さんも、パートナーと一緒に正解を探し続け、目標にたどり着けるようにがんばってください。

いつの日か、バドミントン会場でお会いできることを楽しみにしています。

藤井瑞希・垣岩令佳

XXX Olympiad London 2012

STAFF
編集 吉田亜衣
執筆 岩本勝暁
写真 高橋淳司
イラスト 丸口洋平
本文デザイン 吉田圭子、藤井由佳
カバーデザイン 柿沼みさと
取材協力 くまもと再春館製薬所
バドミントンチーム
株式会社東京トリップ

パーフェクトレッスンブック

バドミントン　ダブルス必勝《ひっしょう》テクニック

監修者　藤井瑞希《ふじいみずき》、垣岩令佳《かきいわれいか》
発行者　岩野裕一
発行所　株式会社実業之日本社
〒107-0062　東京都港区南青山5-4-30　CoSTUME NATIONAL Aoyama Complex 2F
電話　編集　03-6809-0452
販売　03-6809-0495
ホームページ　https://www.j-n.co.jp/
印刷・製本　大日本印刷株式会社

ISBN978-4-408-33882-8（第一スポーツ）

2001（01）